*Моему агенту, Стивену Малку,*
*который сказал «Пакс».*

*С. П.*

SARA PENNYPACKER

# PAX

ILLUSTRATED BY

JON KLASSEN

BALZER + BRAY

*An Imprint of* HarperCollins*Publishers*

САРА ПЕННИПАКЕР

# ПАКС

ИЛЛЮСТРАЦИИ
ДЖОНА КЛАССЕНА

ПЕРЕВОД С АНГЛИЙСКОГО
НАТАЛЬИ КАЛОШИНОЙ
И ЕВГЕНИИ КАНИЩЕВОЙ

Москва Самокат

УДК 821.111
ББК 84 (7 Сое)
П25

**Пеннипакер, Сара**.

П25 Пакс: [для младшего и среднего школьного возраста] / Сара Пеннипакер; пер. с англ. Натальи Калошиной, Евгении Канищевой; ил. Джона Классена. — М. : Самокат, 2018. — 320 с.

ISBN 978-5-91759-625-9.

Питер и Пакс, мальчик и его лис, лис и его мальчик — в этой жизни они помогают друг другу пережить горе, которое у каждого — своё. Родители Пакса погибли, когда тот был лисёнком, а Питер, недавно потерявший маму, спас его от смерти. Они не друзья и не братья, они не хозяин и питомец. Они — одно целое. Но Питер осознаёт это, только когда ему приходится расстаться с Паксом. А осознав, отправляется на поиски своего лиса.

Пронзительная и искренняя книга о правде и лжи, о бессмысленности войны, о хрупкости природы, о верности себе и умении сопереживать, лучшая детская книга 2016 года по версии Amazon.



ISBN 978-5-91759-625-9

*Общение лис — сложная система*
*голосовых и мимических сигналов, запахов и поз.*
*Набранные курсивом «диалоги» в главах от Пакса — попытка*
*перевести этот выразительный лисий язык в слова.*

*То, что это не происходит здесь,*
*не значит, что это не происходит.*

# 1

Лис догадался, что автомобиль замедляет ход, раньше мальчика, он всегда чуял всё раньше. Подушечками лап, вибриссами, позвонками. А когда дрожание и гул изменились, лис понял, что дорога стала неровная. Он вытянулся на коленях у мальчика, ловя струйки запахов из окна. Струйки говорили, что снаружи лес. Резкие ароматы сосновой древесины, коры, шишек и хвои будто иглами пронзали воздух, между ними вились более мягкие нити клевера, дикого чеснока, папоротников и ещё сто других запахов, которые были лису незнакомы, но все они были зелёные и настойчивые.

Его мальчик тоже что-то чуял. Он притянул лиса обратно на колени и крепче прижал к себе своей бейсбольной перчаткой.

Мальчик тревожился, вот что удивляло лиса. Они и прежде ездили в автомобиле, несколько раз, но тогда мальчик был спокоен и даже весел. Лис сунул нос в карман перчатки*, хотя и ненавидел запах кожи. Когда лис делал так, его мальчик всегда смеялся. Сейчас он обхватит перчаткой голову лиса, а лис станет вырываться, и игра отвлечёт мальчика.

Но мальчик поднял лиса на руки и прижался лицом к белой шерсти воротника.

Только тогда лис понял, что его мальчик плачет. Он извернулся, чтобы увидеть его лицо и убедиться. Да, мальчик плакал, но без единого звука — такого лис тоже не помнил. Он вообще уже очень давно не видел, чтобы из глаз его мальчика лились слёзы, но раньше, когда такое случалось, мальчик вначале всегда громко вскрикивал, словно требовал внимания: сейчас начнётся, сейчас потечёт эта солёная вода.

---

* Карман бейсбольной перчатки-ловушки предназначен для захвата бейсбольного мяча. *(Здесь и далее — примеч. пер.)*

Лис лизнул слезу и удивился ещё больше. Не было запаха крови. Он вывернулся из рук, чтобы рассмотреть своего человека внимательнее: неужели он, лис, не заметил рану, неужели нюх подвёл? Нет, лисий нюх никогда не подводит: крови не было. Ни крови, ни кровоподтёка под кожей. И костный мозг не сочился, как однажды, из трещины в кости.

Машину качнуло вправо, и чемодан на сиденье рядом с мальчиком тоже съехал вправо. Лис по запаху знал, что внутри — одежда мальчика и вещи из его комнаты, до которых мальчик дотрагивался чаще всего: фотография с комода и то, что всегда было спрятано в нижнем ящике, в тайнике. Лис тронул лапой угол чемодана, надеясь, что крышка приподнимется и мальчик своим слабым носом учует любимые запахи и успокоится. Но машина как раз заскрежетала и поползла ещё медленнее. Мальчик качнулся вперёд, сжал голову руками. Сердце лиса забилось чаще, остевые волосы на хвосте приподнялись, встали торчком. От новой одежды отца мальчика пахну́ло палёным металлом, обожгло горло. Лис подскочил к окну, заскрёб стекло. Дома, когда он так делал, его мальчик иногда открывал окно, и лису сразу становилось лучше.

Но вместо этого мальчик снова притянул лиса к себе на колени и стал что-то говорить отцу просящим голосом. Лис научился понимать значение многих человеческих слов, и только что мальчик произнёс слово, которое лис хорошо знал: «НЕЛЬЗЯ». Часто вслед за этим словом звучало одно из двух знакомых лису имён: его собственное или имя мальчика. Лис внимательно слушал, но сегодня было только «нельзя», без имён; оно звучало просительно, и мальчик повторял его снова и снова.

Автомобиль ещё раз тряхнуло, он съехал на обочину и остановился, за окном взметнулось облачко пыли. Отец перегнулся через сиденье, проговорил несколько слов ласковым голосом, который совсем не вязался с его крепким запахом лжи, и поднял лиса, взяв его за шкирку.

Его мальчик не сопротивлялся, поэтому лис тоже не сопротивлялся, висел смирно и безвольно. Он мог бы укусить державшую руку, просто от страха, но решил сегодня не сердить своих людей. Отец толкнул дверцу машины и, широко шагая, направился по гравию, потом через бурьян к кромке леса. Мальчик шёл следом.

Как только отец разжал руку, лис отскочил в сторону. Внимательно глядя на своих людей, лис вдруг заметил: они уже почти одного роста. В последнее время мальчик стал очень высоким.

Отец указывал в глубь леса. Мальчик долго смотрел на отца, из его глаз снова потекло. Но он вытер лицо рукавом футболки и кивнул. Сунул руку в карман джинсов и достал старого пластмассового солдатика — любимую игрушку лиса.

Лис приготовился. Это была знакомая игра: мальчик бросает солдатика как можно дальше, лис отыскивает, и потом мальчик каждый раз будто не понимает, как у лиса это получилось. А лис, когда отыскивает игрушку, держит её в зубах и ждёт, когда мальчик подойдёт, заберёт солдатика и бросит снова.

Мальчик размахнулся и швырнул игрушку в лес. Значит, всё правильно — значит, они приехали в лес просто поиграть! Ни о чём больше не тревожась, лис сорвался с места. Он летел между стволами деревьев, не оглядываясь на людей. Если бы он оглянулся, если бы видел, как мальчик сбросил отцовскую руку, как зажал ладонями лицо, — он бы вернулся. Он дал бы своему мальчику всё что надо: охранял бы его, отвлёк, развлёк, был бы рядом. А он поскакал за игрушкой. В лесу её не так просто найти: кругом столько других запахов, и они сильнее.

Но всё равно, ведь на игрушке — запах мальчика. И лис отыщет этот запах где угодно.

Солдат лежал на узловатом корне серого ореха лицом вниз, как будто сам бросился наземь от отчаяния. Приклад его винтовки был накрепко прижат к щеке, ствол зарылся в прошлогоднюю листву. Лис прихватил игрушку зубами, стряхнул лесную труху, сел и вытянулся, чтобы мальчик поскорее его нашёл.

Лес стоял неподвижно, шевелились только солнечные лучи, вспыхивали в лиственном пологе наверху, как в зелёном стекле. Лис ещё вытянулся. Мальчика не было видно. По хребту иголками пробежало беспокойство. Лис выпустил солдатика и тявкнул. Ничего. Он снова тявкнул — и снова ничего, никакого ответа. Если это какая-то новая игра, то лису она не нравилась.

Лис снова подобрал игрушку и по своим следам побежал назад. У самой кромки леса навстречу ему с пронзительным криком пронеслась сойка. Лис замер, разрываясь надвое.

У них с мальчиком игра, мальчик ждёт. Но — птицы! Сидя в своей загородке, лис мог часами следить за птицами; он трепетал, когда они легко рассекали небо — как стрелы молний летними вечерами. Его завораживала свобода полёта.

Сойка снова крикнула, уже из леса, и несколько таких же выкриков раздались в ответ. Ещё секунду лис вглядывался — не мелькнёт ли ярко-синяя молния в просвете между стволами.

Но тут за спиной у лиса послышался другой звук: захлопнулась дверца. И потом вторая. Лис помчался, не обращая внимания на колючки, царапавшие щёки. Мотор зарычал, оживая; лис подскочил к краю дороги.

Его мальчик быстро опустил стекло и протянул обе руки. Когда машина отъезжала, брызгая гравием из-под колёс, отец выкрикнул имя мальчика: «Питер!» — а мальчик выкрикнул второе знакомое лису имя:

— Пакс!

# 2

— Надо же. Их, оказывается, была уйма. — Питер понимал, что это звучит глупо, но всё равно не удержался и повторил: — Уйма.

Он возил рукой по дну обшарпанной жестяной коробки из-под печенья. В коробке лежали пластмассовые солдатики — все одинаковые, только в разных позах: кто лёжа, кто стоя, кто на одном колене. И все крепко прижимались оливково-зелёными щеками к прикладам своих винтовок. — А я думал, только один.

— Куда там один. Шагнуть нельзя было, чтоб не наступить. Их у него были целые сотни. Целая армия! — Дед расхохотался, довольный своей случайной шуткой, но Питер не смеялся. Отвернувшись, он сосредоточенно смотрел в окно, будто увидел что-то особенное на заднем дворе. Потом поднял руку и провёл костяшками пальцев по своей щеке снизу вверх — точь-в-точь как отец, когда у него отрастала щетина, — и незаметно вытер стоявшие в глазах слёзы. Разнюнился, как младенец. Да и с чего, спрашивается? Ему двенадцать, и он уже несколько лет не плакал, даже когда однажды сломал большой палец — когда ловил голой рукой, без перчатки, поп-флай* Джоша Хуригана. Боль была ещё какая, но он только бормотал всякие ругательные слова, когда сидел вместе с тренером в очереди на рентген. Потому что он мужчина. А сегодня — уже второй раз.

Питер достал из коробки пластмассового солдатика и тут же вспомнил, как однажды он нашёл точно такого же у отца в столе.

— Это откуда? — спросил тогда Питер.

Отец протянул руку, взял солдатика, и его лицо смягчилось.

— Ха. Сколько лет. Когда-то была моя любимая игрушка.

---

* Поп-флай — мяч, выбитый высоко в воздух на небольшое расстояние в пределах бейсбольного поля.

— А можно я его заберу?

Отец перебросил солдатика Питеру.

— Забирай.

Питер поставил солдатика на подоконник возле своей кровати, развернув его пластмассовой винтовкой к окну — чтобы солдат как будто держал оборону. Но не прошло и часа, как его утащил Пакс, и это было ужасно смешно: получилось, что Питер решил взять солдатика себе, а Пакс — себе.

Питер бросил игрушку обратно в коробку и уже собирался закрыть крышку, когда заметил, что из-под груды солдатиков торчит край пожелтелой фотографии. Питер потянул её за уголок.

На фотографии его отец, но лет десяти-одиннадцати от роду, обнимал одной рукой собаку. Кажется, это была помесь колли с сотней каких-то безвестных пород. И, кажется, хорошая собака. Во всяком случае, такая, о которой потом захотелось бы рассказать сыну.

— Я и не знал, что у папы была собака. — Питер протянул фотокарточку деду.

— А-а, Герцог. Балбес был, каких свет не видывал, только и знал путаться под ногами. — Дед ещё поразглядывал фотографию, потом Питера, словно вот сейчас впервые что-то заметил. — А волосы-то у тебя чёрные. Как у отца. И у меня раньше были такие же, точь-в-точь. — Он провёл рукой по своей седенькой бахроме, обрамляющей лысину. — И глянь-ка, какой он был худущий в те времена — ровно как ты. И ровно как я. А уши! Ты посмотри на него, прямо горшок с ручками. И все мужчины у нас в роду такие, потому как яблоко от яблони далеко не упадёт, понял?

— Понял. — Питер заставил себя улыбнуться, но улыбка продержалась недолго. «Путаться под ногами» — это он недавно слышал от отца: «Нечего твоему лису путаться там под ногами! Дед не может скакать вокруг него, как юнец, годы уже не те. И сам старайся не путаться. Он же не привык, когда дети в доме».

— У нас коли война — значит, надо идти воевать. Я сразу пошёл. Как мой отец. А теперь, видишь, и твой. Долг зовёт — мы его исполняем, вот так у нас в роду заведено. Так что яблочки наши падают куда надо. — Он отдал Питеру фотокарточку. — Твой отец и пёс этот — они были неразлучники. А я и забыл совсем.

Питер вернул фотографию на место, закрыл крышку и задвинул коробку туда, где она и стояла, — под кровать. И снова стал смотреть в окно. Он не мог сейчас говорить о питомцах. И не хотел слушать про долг. И уж точно не хотел слушать про яблоки и про яблоню, под которой эти яблоки застревали навечно.

— Во сколько тут начинается школа? — спросил он, не оборачиваясь.

— В восемь. А тебе велено явиться пораньше, познакомиться с учительницей. Её звать госпожа Мирес, не то Рамирес, как-то так. Я тут тебе кое-что приготовил. — Дед кивнул на стол, где лежали тетрадь на пружине, побитый термос и несколько полусточенных карандашей, перетянутых толстой резинкой.

Питер подошёл к столу, сложил всё в рюкзак.

— Спасибо. Тут автобус или пешком?

— Ещё чего. Пешком. Отец твой учился в этой же школе, и ничего, бегал пешочком. По Ясеневой до конца, направо по Школьной, а там увидишь — большое кирпичное здание. Улица Школьная, запомнил? Выйдешь в семь тридцать и останется ещё куча времени в запасе.

Питер кивнул. Ему хотелось побыть одному.

— Всё, я собрался. Наверное, буду уже ложиться.

— Ну давай, — с нескрываемым облегчением сказал дед. Выходя, он твёрдо закрыл за собой дверь, будто говорил: «Так и быть, живи в этой комнате, но остальной дом — мой».

Питер постоял перед дверью, послушал удаляющиеся шаги. Потом на кухне полилась вода и зазвякали тарелки. Питер представил, как его дед стоит перед раковиной и моет посуду. Тесная кухонька, где они в молчании ужинали тушёными овощами, так провоняла жареным луком, что эта вонь уж точно переживёт деда. Пройдёт лет сто, думал Питер, в доме десять раз сменятся хозяева, все они будут оттирать и отчищать эту кухню, но запах горечи останется всё равно.

Дед прошаркал по коридору к себе в спальню. Замелькал слабый свет от телевизора, но громкость была на минимуме, и тревожный голос телекомментатора почти не просачивался через дверь. Питер скинул наконец кроссовки и лёг на узкую кровать. Полгода — если не больше — жить в этом доме с дедом, который, кажется, вот-вот взорвётся. «Отчего он всё время выходит из себя?» — спросил как-то Питер отца — давно, несколько лет назад. «От всего. От жизни, — ответил отец. — А уж с тех пор как бабушка твоя умерла, стало совсем плохо».

Когда у Питера умерла мама, он следил за отцом с тревогой. Сначала было просто молчание, которое пуга́ло. Но постепенно отцовское лицо будто окостенело, на нём застыло всегда одинаковое выражение угрозы, а руки отец держал сжатыми в кулаки и, кажется, ждал только повода, чтобы пустить их в ход. И Питер научился вести себя так, чтобы не стать таким поводом. Не путался под ногами.

Запах лука и застарелого жира заполнял всё, он сочился из стен, даже из постели. Питер открыл окно около кровати.

В комнату дунул холодный апрельский ветер. Пакс ни разу в жизни не ночевал один, разве только в своей загородке. Сейчас Питер пытался стереть из памяти ту последнюю минуту, когда он видел своего лиса. Может, он и недолго бежал потом за машиной. Но когда он выскочил на обочину и замер, не понимая, — вот это было хуже всего.

Опять зашевелилась тревога. Весь день, пока они ехали, она таилась, свернувшись кольцами где-то рядом. Питеру вообще всегда казалось, что его тревога похожа на змею — только и ждёт удобного момента, чтобы подползти, скользнуть по спине вверх, и он опять услышит знакомое насмешливое шипение. *Ты не там, где должен быть. Случится беда, потому что ты не там, где должен быть.*

Он перекатился на край и вытащил из-под кровати жестяную коробку. Достал фотокарточку. Отец так спокойно обнимает рукой чёрно-белого пса — будто вовсе не думает, что может его потерять.

*Неразлучники.* Питер заметил, с какой гордостью дед это произнес. Конечно. Деду есть чем гордиться: он воспитал сына, который понимает, что такое верность. И что такое ответственность. Ребёнок и его питомец, они и должны быть неразлучны. Но само это слово, «неразлучники» — будто попугаи какие-то, — звучало как упрёк. Получается, они с Паксом... разлучники?

А вот и нет, ничего подобного. Иногда у Питера вообще возникало странное ощущение, будто они с Паксом — одно целое. В первый раз так было, когда он впервые вывел своего лисёнка на прогулку. Пакс увидел птицу и напрягся, натянул поводок, задрожал как наэлектризованный. И Питер вдруг тоже увидел её глазами Пакса: птица — чудесный полёт молнии, невозможная свобода и скорость. Питер тогда вздрогнул всем телом, всей кожей, плечи обожгло будто тоской по крыльям. И то же самое сегодня днём: внезапно ему померещилось, что машина уехала, а он, Питер, остался на обочине один. Сердце заколотилось часто и тревожно.

В глазах опять защипало, и Питер сердито растёр слёзы по щекам. «Ты совершаешь правильный поступок, — сказал отец. — Идёт война. И, значит, все должны чем-то жертвовать. Я иду служить, это мой долг. А ты едешь к деду — это твой».

Конечно, Питер и так понимал, что это может случиться. Двое из его друзей собрались и уехали вместе с родителями, ещё когда об эвакуации говорили только шёпотом. Но он не понимал остального. Просто не думал о худшем. «А лис твой... ну, ему всё равно уже пора обратно в лес».

И в этот момент завыл койот — так близко, что Питер подскочил на постели. И второй отозвался. И третий. Питер сел и захлопнул окно, но слишком поздно. Теперь в го-

лове у него крутились вой, лай и всё то, что может за ними последовать.

У Питера было всего два плохих воспоминания, связанных с мамой. Хороших было гораздо больше, и он любил перебирать их в памяти, ему от них становилось спокойнее. Правда, он немного волновался, не сотрутся ли они от слишком частого использования. Плохие воспоминания он запрятал глубоко. И делал всё возможное для того, чтобы они оставались запрятанными. Но сейчас, пока койоты лаяли у него в голове, одно из них само выскочило на поверхность.

Когда ему было лет пять, он подошёл к маме, которая в растерянности разглядывала свою клумбу с кроваво-красными тюльпанами. Половина тюльпанов стояли по стойке смирно, а половина, со смятыми лепестками, были разбросаны по земле.

— Видишь, что кролик наделал. Стебли ему понравились, паршивцу.

Вечером Питер помогал отцу ставить ловушку на кролика.

— Мы ведь не сделаем ему больно, да?

— Не сделаем. Поймаем и отвезём в соседний город. Пускай грызёт там чьи-нибудь чужие тюльпаны.

Питер сам положил в ловушку морковку и потом долго упрашивал, чтобы ему разрешили сегодня лечь в саду — последить за ловушкой. Отец не разрешил, зато помог завести будильник: Питер хотел утром встать раньше всех. Как только будильник задребезжал, Питер побежал в мамину спальню, чтобы взять маму за руку и отвести в сад — и они бы увидели сюрприз вместе.

Ловушка лежала на боку, на дне свежевырытой воронки глубиной не меньше пяти футов. Внутри ловушки лежал маленький мёртвый крольчонок. На его тельце не было ни одной отметины, но клетка была помята и исцарапана, а земля вокруг разрыта когтями до скалы.

— Койоты, — сказал отец, который тоже вышел посмотреть. — Видать, пытались до него добраться, а он со страху и того. А мы даже не проснулись.

Мама открыла ловушку, достала безжизненный комочек. Прижала к лицу.

— Тюльпаны. Всего-навсего несколько тюльпанов.

Питер вытащил морковку, чуть-чуть обгрызенную с одного конца, и зашвырнул так далеко, как только мог. Потом мама уложила мёртвого крольчонка Питеру на ладони и пошла за лопатой. Питер провёл кончиком пальца вдоль ушей, которые разворачивались над мордочкой, как папоротники, потрогал чудесные маленькие лапки, коснулся шеи в том месте, где пух слипся от маминых слёз.

Вернувшись, мама погладила Питера по щеке. Щека горела от стыда.

— Ну что ты, малыш. Ты же не знал.

Не знал. Но ещё долго, закрывая глаза, Питер видел койотов. Они рыли когтями землю, клацали зубами. И он видел себя — там, где он должен был быть: в саду. Он должен был дежурить в саду в ту ночь — охранять, ждать. Снова и снова Питер видел, как он делает то, что должен: вылезает из спального мешка, находит камень, швыряет камень. И как койоты убегают обратно в темноту, и как он открывает ловушку и выпускает крольчонка.

После этого воспоминания тревога Питера — змея — ударила так, что вышибла из него весь воздух.

Он был не там, где должен был быть, в ночь, когда койоты убили крольчонка, и сейчас он тоже не там, где должен быть. Он попытался вздохнуть, наполнить лёгкие, сел. Разорвал фотокарточку пополам и ещё раз пополам, закинул обрывки под кровать.

Бросить Пакса — *неправильный* поступок.

Питер вскочил на ноги. Сколько времени уже потеряно!

Он метнулся к чемодану, похватал какие-то вещи, отыскал камуфляжную футболку с длинным рукавом и флисовую куртку, запасные носки, смену белья. Затолкал в рюкзак — всё кроме куртки, её обвязал вокруг пояса. Складной ножик — в карман джинсов. Бумажник. Он немного поколебался: походные ботинки или кроссовки? Решил, пусть будут ботинки, но обуваться пока не стал. Оглядел комнату — не найдётся ли фонарик или какое-нибудь туристское снаряжение. Отец жил в этой комнате, когда был мальчиком, но, похоже, дед повыкидывал все вещи, осталась только стопка книжек на полке. И ещё жестянка с солдатиками — но это явный недосмотр, дед даже удивился, когда Питер вытащил её из-под кровати. Питер провёл пальцем по корешкам книг.

Атлас. Питер открыл его, изумляясь своей удаче, и пролистал до той страницы, где можно было проследить их с отцом маршрут. «Здесь недалеко, миль триста. — Пару раз за поездку отец нарушал молчание, пытался завязать разговор. — В первый же выходной я к тебе приеду». Не приедет, подумал Питер. На войне не бывает выходных.

И вообще, Питер тосковал сейчас не об отце.

Тут он увидел в атласе кое-что, чего не заметил в дороге: шоссе, по которому они ехали, огибало длинный горный хребет. Если не делать крюк, а пойти напрямик, можно сэкономить кучу времени, плюс меньше шансов, что поймают. Он уже собрался выдрать страницу, но вовремя спохватился: не стоит оставлять деду такую очевидную подсказку. Поэтому он просто долго смотрел на карту, потом вернул атлас на полку.

Триста миль. Но если срезать по прямой, то миль сто можно сразу откинуть, остаётся около двухсот. Если он будет проходить хотя бы по тридцать миль в день, дойдёт за неделю, даже раньше.

Они оставили Пакса в начале подъездной дороги, которая вела к развалинам старой верёвочной фабрики. Питер сам настоял на том, чтобы они свернули на эту дорогу. Пакс ведь не знает, что машины — это опасно, а этой дорогой уже давно никто не пользуется, и вокруг только леса и поля. Он вернётся, и Пакс будет его там ждать. Через семь дней. Питер не позволил себе думать о том, что может случиться за эти семь дней с ручным лисом. Нет, Пакс будет ждать его на обочине, там же, где они его оставили. Он, конечно, будет голоден и, может быть, напуган, но с ним всё будет в порядке. Питер заберёт его домой. Они будут жить дома. И тогда уже никто не заставит его уехать — пусть только попробуют. Вот *это* будет правильный поступок.

Питер и Пакс. Неразлучники. Нет, не так. Неразлучимы.

Он ещё раз оглядел комнату. Хотелось поскорее выскочить из дома и бежать, но Питер удерживал себя: сейчас важно ничего не упустить. Постель. Он откинул одеяло, смял простыню и побил подушку кулаком, чтобы казалось, что на ней спали. Достал из чемодана мамину фотокарточку, которая всегда стояла у него на комоде, — с её последнего дня рождения: мама держит воздушного змея, которого сделал для неё Питер, и улыбается так, будто это самый лучший подарок в её жизни. Питер спрятал фотографию поглубже в рюкзак.

Потом он достал мамины вещи, которые дома лежали у него в нижнем ящике комода. Садовые перчатки, запачканные землёй от последних пересаженных мамой растений; коробка её любимого чая, из которого давно выветрилась вся мята; толстые красно-белые полосатые гольфы, в которых мама ходила зимой. Питер ещё раз потрогал все её вещи, ему хотелось забрать их все домой, где они и должны быть. Но потом он взял только одну, самую маленькую вещицу — золотой браслет, который мама всегда носила не снимая, с эмалевым амулетом-фениксом, — и тоже положил в рюкзак, к фотографии.

И последний взгляд на комнату. На тумбочке Питер увидел свою перчатку-ловушку и бейсбольный мяч и тоже сунул в рюкзак. Перчатка и мяч не тяжёлые, а дома они ему понадобятся. И вообще, он чувствует себя лучше, когда они у него есть.

Питер тихо открыл дверь и прокрался на кухню. Он поставил рюкзак на дубовый стол, включил тусклую подсветку над плитой и стал складывать запасы. Пакетик изюма, пачка печенья, полупустая банка арахисового масла — ради арахисового масла Пакс выскочит из любого укрытия, примчится сломя голову. Несколько палочек волокнистого сыра из холодильника, два апельсина. Он налил в термос воды, отыскал в ящике коробок спичек, завернул в фольгу. Под раковиной его ждали две удачные находки: ролик изоленты и прочные мусорные мешки. Лучше бы брезент, но в крайнем случае и мешки сгодятся — и он застегнул молнию на рюкзаке.

Наконец он выдернул листок из блокнота под телефоном и написал: *Дорогой дедушка.* Питер смотрел на эти слова с минуту, они выглядели как иностранные. Смял листок и начал заново. *Решил выйти пораньше. Не хочу опаздывать в первый день в новой школе. До вечера.* Он опять долго разглядывал слова на бумаге, пытался понять, заметно, что их писал преступник, или не очень. Потом добавил ещё: *Спасибо за всё. Питер*. Отнёс записку на стол, поставил сверху солонку и тихо вышел.

На кирпичной дорожке перед домом он надел куртку, зашнуровал ботинки и оглянулся. Дом у него за спиной стал будто меньше, чем днём, когда они только приехали, — будто уже отодвинулся в прошлое. По ту сторону улицы вдоль горизонта бежали облака, из них внезапно вынырнул полумесяц, осветил дорогу.

Паксу было голодно и холодно, но разбудило его не это: он почувствовал, что ему требуется укрытие. Он моргнул и заворочался, отодвигаясь поглубже назад. Он думал, что у него за спиной надёжные прутья его загородки, но прутья вдруг изогнулись и ломко захрустели. Оглянувшись, он увидел сухие стебли молочая, под которые он втиснулся несколько часов назад.

Он полаял — позвал Питера, но тут же вспомнил: его мальчик уехал.

Пакс не привык быть один. Их было четверо в помёте, когда он родился, и вместе им было тепло, но потом исчез отец — ещё до того, как щенки узнали его запах, — а однажды утром, вскоре после отца, мать тоже не вернулась домой. Друг за дружкой умерли его братья и сестра, стало холодно, и в остывающем логове билось одно только его сердце, всё тише и тише — пока не появился мальчик, Питер, и не взял его на руки.

С тех пор, если его мальчик куда-то уходил, Пакс метался по своей загородке взад-вперёд до самого его возвращения. А вечером он всегда скулил и просился в дом, потому что там было слышно дыхание его людей.

Пакс любил своего мальчика; больше того, он чувствовал ответственность за Питера, знал, что он должен его защищать. Он страдал, когда не мог защищать Питера.

Пакс отряхнулся от капель ночного дождя и, даже не потянувшись и не размяв затёкшие мышцы, побежал к дороге. Он напряжённо искал запах мальчика.

Он не находил его — ночные ветры очистили землю от всех вчерашних следов. Но среди сотен новых запахов, поднятых лёгким утренним ветерком, Пакс поймал один, напомнивший ему о мальчике: жёлуди. Питер часто зачерпывал горсть желудей и высыпал их на спину Паксу — и смеялся, когда Пакс сначала стряхивал их с себя, а потом разгрызал, чтобы добраться до серединки. Знакомый запах манил, и лис свернул к нему.

Жёлуди были рассыпаны вокруг поваленного молнией дуба, лежавшего в пяти полных прыжках от того места, где лис в последний раз видел своего мальчика. Пакс прокусил несколько желудей, но внутри были только съёженные плесневелые струпья, присохшие к оболочкам. Тогда он устроился на стволе дуба и развернул уши к дороге.

В ожидании Пакс вылизал себя досуха и дочиста, жадно ловя оставшийся на шерсти запах Питера: это его успокаивало. Потом он занялся своими передними лапами, старательно прочистил каждую ранку, каждый порез на подушечках.

Когда Пакса что-то беспокоило, он всегда рыл землю в своей загородке и всегда ранил лапы о какие-то обломки бетона внизу — но всё равно рыл и рыл, ничего не мог с собой поделать. Всю последнюю неделю он рыл почти каждый день.

Дочистив лапы, он подвернул их под себя и стал ждать. Утренний воздух пульсировал шумами весны. Эти шумы тревожили Пакса всю долгую ночь. В черноте дрожали крадущиеся ночные шорохи, и даже звуки деревьев: раскрывающиеся листы, движение сока в молодых стволах, потрескивание нарастающей коры, — снова и снова настораживали его, пока он дожидался возвращения Питера. Только когда небо засеребрилось рассветом, лис провалился в зыбкий сон.

Но сейчас те же звуки опять звали его. Сто раз его чуткие уши вставали торчком, в другое время он подскочил бы и побежал проверять, что там. Но он всякий раз вспоминал своего мальчика и сдерживался. У людей хорошая память, они вернутся сюда, на это место. Но люди полагаются только на зрение — остальные чувства у них слишком слабые, — и, если они не увидят его, могут опять уехать. Пакс останется у дороги, он не поддастся никаким искушениям, не побежит на юг, туда, где его дом и куда зовёт инстинкт. Он будет сидеть здесь, пока его мальчик не придёт за ним.

В небе кружил стервятник, покачивался в восходящих потоках. Ленивый охотник, он высматривал падаль. Заметив лису, которая не пахла мертвечиной, но и не двигалась, стервятник плавными кругами стал снижаться, чтобы посмотреть ближе.

Когда над Паксом мелькнула равнодушная остроугольная тень, сработал инстинкт — тревога подкинула лиса с места. Он соскочил со ствола и принялся скрести землю когтями.

Земля откликнулась глухим рокотом, будто что-то рычало в самой её сердцевине. Пакс вытянул шею, забыв про опасность с неба. Когда он видел своего мальчика в последний раз, эта дорога тоже гудела и дрожала. Лис взлетел по насыпи и замер в том месте, где его люди оставили его.

Гул перерос в рёв. Пакс привстал на задних лапах, чтобы его было лучше видно. Но звук исходил не от автомобиля мальчика. Вообще не от автомобиля. Когда вдали появился источник звука, он показался лису величиной с дом, в котором живут его люди.

Это был грузовик зелёного цвета. Не живого зелёного, как деревья вокруг, а глухого оливкового — того цвета, какого была бы смерть, если бы она пришла за этими деревьями. Игрушечный солдат, припрятанный лисом под стеблями молочая, был тоже глухо-оливковый. От грузовика разило соляровым маслом и запахом палёного металла — тем же самым, которым была пропитана новая одежда отца мальчика. Пыля и разбрызгивая камни и гравий, грузовик прогромыхал мимо, за ним другой, и ещё, и ещё.

Пакс отскочил подальше от дороги. Стервятник взмыл вверх и, всего раз шевельнув крыльями, улетел прочь.

# 4

Уходя, он не отыскал фонарь — это была первая ошибка. Месяц освещал дорогу всего часа два, а потом снова утонул в облаках. Ещё час Питер, спотыкаясь, шёл в полной темноте, но наконец сдался. Один мусорный мешок он разрезал по бокам — получился длинный коврик, во втором сделал прорезь и надел на себя как пончо — от тумана и холодной росы. Он спал, привалившись к дренажной трубе, подложив под голову бейсбольную перчатку вместо подушки. Вообще-то «спал» — изрядное преувеличение: если ему и удалось ненадолго задремать, то его очень скоро разбудили холод, сырость и бьющий в глаза косой солнечный луч.

Его первые мысли были о Паксе: где он этим утром? Ему тоже холодно и сыро? Ему страшно?

— Я иду, — сказал он вслух, засовывая мусорные мешки в рюкзак. — Держись.

Он съел палочку волокнистого сыра и два крекера, запил водой из термоса, потом зашнуровал ботинки и выбрался на дорогу.

Всё болело, ныло, мышцы одеревенели, но хотя бы тревога на время улеглась. Скорее всего, он прошёл не больше семи-восьми миль, но впереди ещё был целый день — дед только вечером придёт с работы и заподозрит неладное.

Судя по той карте из атласа, до шоссе ещё миль двадцать, не больше. Там он срежет путь — повернёт на запад где-нибудь, где ему покажется удобнее. Сегодня он уже будет ночевать в лесу, вдали от цивилизации, — так что можно считать, что самая опасная часть путешествия осталась позади.

Жалко, что он так мало смотрел в окно, когда они с отцом ехали вчера на машине, — вторая ошибка. Теперь он мог только припомнить, что вскоре после того, как они свернули с шоссе, им встретился один-единственный сонный городок, дальше всю дорогу тянулись леса да изредка попадались фермы.

Питер шагал полных пять часов. На пятках горели мозоли, плечи болели от рюкзака. Но каждый шаг приближал его к Паксу и к дому, из которого он не должен был уезжать. И в нём росла надежда. Во всяком случае, она росла до полудня или чуть позже, пока он не дошёл до городка и до людного места с домами — наверное, это была городская площадь.

Тут ему стало казаться, что прохожие, все до единого, смотрят на него подозрительно и сейчас начнут спрашивать, почему он не в школе — эту школу он видел у дороги совсем недавно. Когда женщина, тянувшая за руку малыша, остановилась и откровенно уставилась на Питера, он притворился, что разглядывает что-то в витрине хозяйственного супермаркета.

Но тут он поймал в стекле свое отражение, и остатки надежды улетучились. В волосах труха, куртка в грязи, нос уже сейчас покраснел от солнца, а к концу дня пойдёт волдырями. Отражение смахивало на беглеца, и этот беглец не очень хорошо подготовился к побегу.

— Что ищем, юноша?

Питер обернулся. В дверях стоял человек в синей куртке с эмблемой супермаркета и курил. Он был седоват и лысоват, скрещённые руки опирались на круглый живот, но то, как он зыркал сверху вниз, вдоль носа, напоминало ястреба, высматривающего добычу, — Питер как раз недавно видел одного такого на верхушке кедра.

Питер оглянулся на витрину — семена в пакетиках, садовые инструменты.

— Я просто... Ах да: фонарики у вас есть?

Человек вскинул голову, сделал затяжку, опять зыркнул — и опять напомнил Питеру ястреба. Наконец он кивнул.

— Седьмой ряд. А что это мы не в школе?

— Большая перемена. Сейчас побегу назад.

Человек затушил сигарету и вошёл вслед за Питером в магазин. Пока Питер выбирал на полке самый дешёвый фонарик и батарейки, он смотрел, не отставал ни на шаг и, когда Питер расплачивался на кассе — стоял рядом.

На улице Питер выдохнул — оказывается, всё это время он задерживал дыхание. Он сунул покупки в рюкзак и пошёл дальше в сторону шоссе.

— Эй, парень.

Питер застыл.

Человек в синей куртке догнал его.

— Вон твоя школа. — Он дёрнул Питера за плечо, развернув его в другую сторону.

Питер помахал ему рукой, улыбнулся как можно глупее и поменял направление. На углу он рискнул покоситься через плечо. Человек следил.

Припустив вперёд, Питер почувствовал холодок между лопатками — за шиворот сбегала тонкая струйка пота. Уже у самых дверей школы он перешёл на шаг и свернул в сторону парковки.

Он хотел просто пересидеть там несколько минут в тени школьного автобуса и заодно подумать, как бы отсюда понезаметнее выбраться. Но за парковкой, за какими-то хозяйственными строениями, в низинке он вдруг заметил кое-что, что показалось ему гораздо интереснее любых парковок.

На нежно-зелёной весенней траве — чёткая, будто впечатанная в зелень разметка бейсбольного поля. И под навесом, вдоль линии третьей базы*, спиной к школе, — дагаут**. Совершенно пустой.

---

* Базы (первая, вторая, третья) — расположенные по углам внутреннего «квадрата» точки бейсбольного поля, которых последовательно должен коснуться игрок, чтобы заработать очко.

** Дагаут — скамья под навесом, где хранится бейсбольный инвентарь и где во время игры находятся запасные игроки и все члены команды, в данный момент не принимающие участие в игре.

Питер остановился, разглядывая открывшийся ему вид. Он взвешивал «за» и «против» не больше минуты. Конечно, надо двигаться вперёд, надо спешить. Но что, если синекурточный уже настучал в полицию? Тогда соваться сейчас на дорогу рискованно. Лучше он немного отдохнёт днём, а ночью легко всё наверстает, у него ведь теперь есть фонарик. К тому же он вдруг почувствовал, как сильно он устал. Выдохся. Выбился из сил.

Но главное — бейсбольное поле смотрело на него так гостеприимно, будто приглашало. На поле Питер всегда чувствовал себя отлично. А может, это был знак. Питер считал, что он не верит ни в какие знаки, но после вчерашних койотов он уже не был так в этом уверен. Он поправил рюкзак и сбежал вниз по склону.

Под навесом знакомые перемешанные запахи кожи, пота и жёваной жвачки приняли его в объятия как родного. Питер для начала переоделся в сменную одежду из рюкзака, набрал горсть красной глины, размазал по волосам — если у полиции уже есть его описание, он не собирается этому описанию соответствовать. Он наполнил термос водой из питьевого фонтанчика, выпил, снова наполнил. Залезая под скамью, он улыбнулся: Пакс, если бы ему понадобилась передышка, заполз бы сюда же — и укрытие, и хороший обзор.

Час, не больше, а потом он обогнёт школу с тыла — и выйдет на дорогу с другой стороны. К тому времени полицейские, если они его вдруг ищут, уже потеряют к нему интерес. Он подложил под щёку бейсбольную перчатку.

— Всего один час, — пробормотал он. — Я даже не буду закрывать глаза.

# 5

*Это моя территория.*

От неожиданности Пакс чуть не свалился со ствола поваленного дуба, на котором он дежурил и уже почти дремал: за весь день — ни одного существа крупнее кузнечика, а тут вдруг, откуда ни возьмись, ярко-рыжая лисица. Пакс никогда раньше не видел других лисиц, но он знал, что это лисица — только помоложе и помельче его, самка. Она держала уши и хвост торчком — инстинкт подсказал ему, что это значит: она ждёт от него покорности.

*Я здесь охочусь.*

Пакса охватило сильное желание броситься к своей временной лёжке и забиться в оставшиеся стебли молочая, но он сдержался: что, если его мальчик вернётся, а его нет? Он прижал уши к голове, показывая, что он никому не угрожает, но он не уйдёт. Лиса подбежала ближе, и он вдохнул в себя её запах — знакомый, почти как его собственный, но другой, диковинный. Она тоже принюхалась и недоверчиво ощетинилась, уловив запах человека; шерсть у неё на загривке встала иглами.

Пакс тоже родился с этим инстинктом недоверия, но что такое недоверие против доброты, особенно если её являют тебе щедро и постоянно? И особенно если ты только что пришёл в этот мир. Паксу было всего шестнадцать дней, когда Питер спас его — угольно-бурый меховой завиток, потерявший отца, потерявший мать, только-только разлепивший глаза. И он очень скоро научился доверять тихому, нескладному, длинноногому мальчику, который принёс его домой.

Лиса приблизила свою остроносую морду, ещё раз внимательно внюхалась и снова ощетинилась, остевые волоски блестели на солнце, как иглы.

*Это запах моего мальчика. Ты его видела?* Пакс сообщил ей самые важные приметы своего человека: голые круглые уши; ноги, которые растут вверх — так ненормально высоко, что, когда мальчик бежит, Пакс всегда боится, как бы он не опрокинулся; чёрные закручивающиеся волосы, которые отрастают до какой-то длины, а потом опять становятся короткими.

*Здесь нет людей. Но они приближаются.* В этот момент Игла вскинула голову, будто её дёрнули за невидимую нить. Её уши повернулись на лёгкий шорох, который доносился от ближнего кустика бородача. Задняя часть её тела мелко задрожала, набирая энергию. Лиса высоко подпрыгнула и, вытянув лапы вдоль чёрного носа, нырнула в траву — сверкнул белый кончик хвоста.

Пакс сел и подобрался. Спустя секунду Игла появилась с древесной крысой в зубах. Выпрыгнув из травы, лиса перекусила шею своей добычи и уложила на землю.

Пакс осиротел, когда он ещё питался материнским молоком, и ни разу в жизни не пробовал свежую добычу. Запах крови подстегнул его голод и любопытство. Он сделал осторожный шаг вперёд, но Игла зарычала. Тогда он отодвинулся и дальше наблюдал с безопасного расстояния.

Пока лиса с хрустом отгрызала кусочки крысиной плоти, его голод ещё усилился. Пакс вспоминал, как он подбегал к своей миске с кормом, наполненной до краев, как радовался, когда Питер давал ему лакомства с рук — особенно самое главное лакомство: арахисовое масло. Он найдёт своего мальчика. Мальчик накормит его.

Пакс хотел спросить лису о людях, которые приближаются, но не успел: Игла уже подхватила зубами остатки добычи — заднюю ногу вместе с длинным крысиным хвостом — и, плавно огибая травяные кочки и постепенно превращаясь в мелькание огненно-рыжего и белого, побежала прочь. Прочь. Пакс вспомнил, как, рыча и разбрызгивая колючие камешки из-под колёс, уезжал автомобиль с его людьми.

На опушке леса лиса замедлила бег и, прежде чем скрыться под густой папоротниковой бахромой, ещё раз оглянулась через плечо на Пакса. Внезапно в верхушке поваленного дуба что-то треснуло, и лиса замерла. Прошумев сухой листвой, сверху вниз дугой пронеслась ярко-рыжая меховая полоска и приземлилась прямо Игле на спину.

Пакс припал к земле. Послышались звуки борьбы и тявканье лисы, но скорее раздражённое, чем тревожное. Он приподнял голову. Игла уже была наверху — она прижала меховой комок когтями к земле и цапнула его зубами. К удивлению Пакса, комок под её лапой развернулся, вытянулся и оказался существом, очень похожим на Иглу, только помельче и потощее. Пакс был озадачен. Он и не догадывался, что лисы способны парить, как птицы, сам он никогда не смог бы описать такую длинную плавную дугу.

Существо перекатилось на спину, покорно подставляя беззащитное брюхо, но Иглу это как будто разгневало ещё больше — её сердитый лай перемежался теперь шлепками и покусыванием. Пакса разбирало любопытство, и он переместился поближе.

Только сейчас чужой человеческий запах долетел до тощего маленького лиса, и он выглянул из-за плеча Иглы. При виде Пакса его глаза расширились, он вскочил на ноги. *Дружелюбен,* сообщил он Паксу. *Её брат, из другого помёта. Играть!*

Игла оскалила клыки и рыкнула на брата.

*Опасен. Не приближайся.*

Пакс ответил на приветствие, не обращая внимания на угрожающую стойку Иглы.

*Дружелюбен. Ты ЛЕТАЛ! ПТИЦА?*

Мелкий лис отскочил обратно к поваленному дубу и запрыгнул на ствол. Одна из ветвей мёртвого дерева уходила круто вверх. Мелкий легко взбежал по ней и обернулся, чтобы убедиться, что Пакс смотрит.

Пакс едва сдерживал себя, чтобы не устремиться вслед за маленьким лисом, ему тоже хотелось наверх, но он лёг и поджал под себя передние лапы. Он, конечно, перебирался иногда через стенки своей загородки, но там было невысоко. Кончик его хвоста подрагивал.

Лиса отошла в сторону, опустилась на землю и перекатилась на бок, чтобы удобнее было наблюдать за братом. Теперь стало очевидно, что она смотрит на него с любовью. *Он родился мелким. Маленький, но крепкий. Он мне не нужен, когда я охочусь. Но он приходит.* Она подняла голову и зарычала на Пакса, будто виня его в том, что её брат так разыгрался.

Мелкий взобрался по ветке, отставляя хвост для равновесия, потом изготовился — и взмыл над головами двух лис, следивших с земли. Он приземлился в придорожные заросли лопуха, тут же выскочил из них весь в репьях и принялся носиться бешеными кругами — казалось, радость от полёта переполнила его и не помещалась внутри, приходилось сбрасывать её через ноги. Завершив последний круг, он ещё покатался по земле, чтобы сбросить оставшуюся.

*Слишком близко к дороге!* Сестра зацепила его когтем и притянула к себе. Выдёргивая репьи из его шерсти, она бранила брата за опасные полёты. Зато Пакс никак не мог успокоиться: оказывается, лис способен пролететь пять полных прыжков, не касаясь земли! Когда-нибудь он тоже попробует проделать такой трюк.

Как только Мелкому удалось вывернуться из сестриных когтей, он пригнул голову и ткнулся носом в её шею. Игла опять его повалила, хотя было видно, что её гнев притворный, и ещё села сверху, распластав его по земле. Он немного поборолся для вида, но явно старался её не сердить и почти не сопротивлялся, когда она начала его вылизывать.

Пакс держался на почтительном расстоянии. Добившись наконец от брата покорности, Игла сменила гнев на милость и положила перед Мелким остатки недоеденной крысы, сама же легла на землю и принялась сначала вылизывать лапы, а потом умываться этими лапами. Пакс на брюхе подполз ближе. Его влекло к этим двоим, брату и сестре, — неважно, рады они ему или нет.

Игла вытянулась в лучах косого солнца. Её влажные щёки блестели, как деревянный стол тыквенного цвета, за которым всегда ели свою пищу люди Пакса, а белый лоснящийся воротник ещё больше подчёркивал яркую рыжину.

Пакс оглянулся на Мелкого: тот как раз обнюхивал его лёжку в стеблях молочая. Пятна у брата на шубе были такой же формы, как и у сестры, но не так чётко очерченные. И мех у него был редковат и местами клочковат, и тазовые кости торчали под острыми углами. Он вдруг попятился и тут же бросился вперёд, будто в атаку.

Пакс смотрел, как он подбрасывает игрушечного солдатика в воздух, а потом прижимает его лапой к земле, снова и снова. Когда Пакс был щенком, он делал точно так же. И сейчас, понаблюдав совсем немного, он подбежал и вступил в игру. Мелкий принял его так радостно, будто они играли вместе с самого рождения.

Игла тоже вскочила на ноги. *Неси мне.*

Некоторое время брат притворялся, что не слышал, но он, видимо, точно знал, до какого момента можно испытывать сестрино терпение, потому что вскоре он подскочил к лисе и положил перед ней игрушку.

При виде солдатика Игла издала горловое ворчание. Человек.

*Брось это. Домой, быстро,* приказала она брату.

Мелкий, играя, обхватил передними лапами лапы Пакса.

Тотчас подскочила Игла и укусила Мелкого. *Воняет людьми. Помни.*

И она передала брату образ, который показался Паксу странным, пугающим: завывание холодного ветра; пара лисиц, самец и самка, пытаются вырваться из стальной клетки, клетка похожа на загородку Пакса, только вместо прутьев — зубастые зажимы. Стальные зубы зажимов и снег на земле — в крови.

Игла вскинула голову, вглядываясь в небо, и понюхала ветер, прилетевший с юга и пропитанный запахом близкой грозы. *Домой.*

Покорно опустив хвост, Мелкий двинулся за сестрой. Но, пройдя немного, он обернулся к Паксу и позвал его за собой.

Пакс колебался. Он не хотел уходить с этого места, куда должны вернуться его люди. Но уже приползли тёмные тучи, и вдали только что прогромыхал гром. Пакс знал, что в грозу его мальчик не выйдет из дому. Если Пакс останется, его будет хлестать дождь. И он будет сидеть у дороги, мокрый насквозь. Один.

Он взял игрушечного солдатика в зубы и потрусил за братом и сестрой.

Почуяв его присутствие, Игла обернулась. *Только одну ночь, Воняющий Людьми.*

Пакс согласился. Когда гроза кончится, он вернётся сюда, отыщет дорогу по запаху. И тогда его люди придут за ним. И он найдёт своего мальчика, и они уже никогда не расстанутся.

Питер узнал эти звуки ещё до того, как полностью проснулся: толпа мальчишек, которых только что отпустили, их топот, их гиканье, нетерпеливое туканье их кулаков о кожаные перчатки. Он выбрался из-под скамьи и схватил рюкзак. Слишком поздно: двадцать бейсболистов вместе с тренером уже сбегают вниз по склону. Наверху, на парковке, стоят несколько взрослых, некоторые из них в форме, — наблюдают. Самое лучшее, что он мог сейчас сделать, — забраться на трибуну, где с десяток зрителей уже расселись по двое — по трое, а когда всё закончится, смешаться с толпой и уйти вместе со всеми.

HOME
VI
00
0

Питер забрался на последний ряд и скинул рюкзак. Подросток пришёл смотреть тренировку по бейсболу — это абсолютно нормально, нормальней не бывает, но сердце всё равно стучало странно, будто пробуксовывало.

Внизу тренер уже подавал мячи, один за другим. Всё как на любой тренировке: мальчишки бегают по полю, красуются друг перед другом и орут как резаные. Питер выбрал одного, за которым ему хотелось понаблюдать: худенький парнишка с соломенным «ёжиком», в красной линялой футболке, шортстоп*. Пока остальные игроки бестолково, по-щенячьи, носились туда-сюда, этот стоял как статуя, руки наготове на уровне пояса, взгляд прикован к бите тренера. Как только бита ударяла по мячу — дерево по коже, — он прыгал. И каким-то немыслимым образом доставал все мячи, прилетавшие в его часть поля, хотя с виду — то ли недоросток, то ли чей-то младший брат, которого старшему приходится таскать за собой.

Питер знал, что он и сам не слишком типичный бейсболист: он всегда чувствовал себя чу-

* Шортстоп — игрок, защищающий часть бейсбольного поля между второй и третьей базами.

жим в дагауте, где все хлопают друг друга по плечу и треплются о всякой ерунде. Зато на бейсбольном поле он был на своем месте — будто для того и родился. На поле у него возникало такое чувство — он даже не пытался его никому описывать: и потому, что оно слишком личное, и потому, что всё равно не подобрал бы нужные слова. Разве что — «небесно». Да, это слово было ближе всего. И ещё где-то рядом — «спокойно». И шортстопу тоже знакомо это небесное спокойствие, ни с того ни с сего подумал вдруг Питер, — может, он даже ощущает его прямо сейчас, вот в эту самую минуту.

Тренер, стоя на горке*, подавал, бэттеры** отбивали мячи то в воздух, то в землю, и аутфилдеры*** тоже наконец проснулись — ну или, во всяком случае, делали вид. Но шортстоп по-прежнему притягивал внимание: он весь был будто простёган живой проволокой, взгляд прикован к мячу.

Питеру была знакома эта сосредоточенность, у него самого, бывало, пересыхали глаза: он да-

---

* Питчерская горка — возвышение, на котором находится питчер, то есть подающий.

** Бэттер — игрок нападения, который стоит у «дома» с битой и старается отбить поданный питчером мяч.

*** Аутфилдер — игрок, обороняющий внешнее поле бейсбольной площадки.

же забывал моргать, так напряжённо следил за каждым движением каждого игрока — и это себя оправдывало. На бейсбольном поле Питер, как и этот парнишка в красной футболке, *владел* своей территорией. Он любил эту территорию всю целиком, вместе с запахом пыли и стриженой травы. Но больше всего он любил забор по краю этой территории. Забор указывал Питеру абсолютно точно, что входит в его ответственность, а что нет. Если мяч по эту сторону забора — значит, надо ловить. Перелетел на ту — всё, можно больше о нём не думать. Чётко и ясно.

Питер часто жалел, что в жизни его ответственность не обнесена такими же красивыми высокими заборами, как на бейсбольном поле.

Когда мама умерла, он какое-то время ходил к психотерапевту. Ему было семь лет, и он не хотел ни с кем разговаривать, а может, просто не знал, как втиснуть такую утрату в слова.

Психотерапевт — женщина с добрыми глазами и длинной серебряной косой — говорила ему, что это ничего, это ничего, ничего. Целый час, от начала до конца занятия, Питер вытаскивал из ящика с игрушками маленькие автомобильчики и грузовики — их там были, кажется, сотни (наверное, думал потом Питер, психотерапевт скупила ради него целый магазин игрушек) — и сталкивал их между собой, пара за парой. Когда Питер заканчивал, она всегда говорила ему одно и то же: «Должно быть, тяжко тебе пришлось. Самый обычный день, мама садится в машину, чтобы съездить в магазин за продуктами, — и не возвращается».

Питер никогда не отвечал, но ему запомнилось ощущение, что всё происходит правильно — и эти слова, и весь этот час — будто он наконец там, где должен быть, и будто это ровно то, что он должен делать — сталкивать между собой игрушечные машинки и слушать слова о том, что ему пришлось тяжко.

Но однажды психотерапевт произнесла другие слова.

— Питер, — сказала она, — ты иногда злишься?

— Нет, — быстро ответил он. — Никогда.

Ложь. Потом он поднялся с пола, взял единственный леденец в яблочно-зелёной обёртке из медной вазочки у двери — у них был уговор с психотерапевтом с добрыми глазами: если он чувствует, что ему хватит, он забирает леденец, и это конец занятия — и ушёл. Но на улице он бросил леденец на землю и ещё пнул ногой, а по дороге домой сказал отцу, что больше к ней не пойдёт. Отец не спорил. По правде говоря, ему так было легче.

А Питеру нет. Эта добрая женщина — она что, с самого начала знала, что Питер злился в тот последний день, что он сделал ужасное? И что его мама в наказание не взяла его тогда с собой в магазин? И психотерапевт думает, что это он виноват в том, что случилось?

Спустя несколько месяцев Питер нашёл Пакса. На дороге недалеко от его дома задавили лису — она лежала у обочины. Его маму недавно похоронили, опустили гроб в землю, и теперь Питер почувствовал властную, непреодолимую потребность похоронить лису. Он зашёл в лес, чтобы найти подходящее место, начал копать — и нашёл логово, в котором лежали три остывших одеревенелых тельца и один тёмно-серый меховой шарик — ещё тёплый, дышащий. Питер сунул Пакса в карман курточки, и принёс домой, и сказал — не спросил, сказал: «Он будет жить у меня».

Отец ответил: «Ладно, пускай немного побудет».

Всю ночь лисёнок жалобно мяукал, и, слушая его, Питер думал о том, что, если бы он мог снова ходить к психотерапевту с добрыми глазами, он бы сталкивал эти игрушечные машинки с утра до вечера и с вечера до утра, всегда, всё время. Не потому, что он злится. А просто чтобы все видели.

При мысли о Паксе знакомая змея тревоги подползла, сдавила грудь. Пора было двигаться, навёрстывать упущенное время. Тренировка заканчивалась, бейсболисты убегали с поля, по дороге забрасывая инвентарь в дагаут. Когда поле опустело, Питер спустился с трибуны, вздёрнул рюкзак на плечи и тут заметил шортстопа.

Питер колебался. Лучше бы, конечно, не задерживаться, выйти с территории школы вместе с остальными. Но остальные слиняли, а этот парень должен теперь подбирать разбросанный инвентарь, а потом возвращаться один — Питер знал, каково это. Он поднял пару мячей и передал их шортстопу.

— Привет.

Парень неуверенно улыбнулся и забрал мячи.

— Привет.

— Неплохо играл. Последний лайнер* был нехилый, скажи?

---

* Лайнер — мяч, отбитый бэттером с силой и летящий почти по прямой.

Шортстоп молча повозил кроссовкой по пыли и отвернулся, но Питер видел, что ему приятно.

— Ну, первый бейсмен* с ним как-то справился.

— Ну да, после того как *ты* вытащил мяч. Не хочу никого обидеть, но без тебя ваш первый бейсмен и глаза бы не успел вытаращить.

Шортстоп наконец улыбнулся по-настоящему.

— Ага. Но он племяш тренера. Играешь?

Питер кивнул.

— Центр-филдер**.

— Новенький?

— Да нет, я не отсюда, я из... — Питер неопределённо махнул рукой куда-то на юг.

— Хэмптона?

— Из Хэмптона, ага.

Лицо шортстопа захлопнулось.

— Шпионишь перед субботней игрой? Ну и гад. — Он сплюнул и направился к дагауту.

Покидая школьную территорию, Питер похвалил себя за сообразительность — вот и хоро-

---

* Бейсмен — игрок внутреннего поля (инфилда), защитник базы. Первый, второй и третий бейсмены защищают, соответственно, первую, вторую и третью базы.

** Филдер — полевой игрок защищающейся команды. Центр-филдер играет в аутфилде (то есть во внешнем поле) и обороняет центр поля.

шо, ловко замёл следы. Но чувствовал он себя всё равно неважно. Даже гадостно.

Он постарался стряхнуть с себя это гадостное чувство. Что там отец говорил про чувства? Что на них можно купить чашку кофе за полмонеты, если добавить полмонеты? Питер посмотрел на часы. Четыре пятнадцать. Больше трёх часов потеряно.

Питер ускорился, но перед площадью перешёл на противоположную от супермаркета сторону и заставил себя шагать не спеша — мимо библиотеки, остановки, кафе. И только отсчитав тысячу шагов, рискнул поднять голову.

Он снова посмотрел на часы. Четыре пятьдесят. Дед, наверное, уже заканчивает, что он там делает у себя на работе. Питер представил, как его дед подходит к своему проржавелому синему «шевроле», вставляет ключ в замок зажигания...

От этого образа змея-тревога развернулась так резко, что у Питера вышибло дыхание. Он перемахнул деревянную оградку и полез напрямик через кусты. Только футов через тридцать, где уже росли молодые деревца и можно было за ними укрыться, тревога отпустила — по крайней мере он опять мог нормально дышать. Дальше он двигался параллельно дороге. Идти теперь было труднее, но через пятнадцать минут он всё же дошёл: вот оно, шоссе.

Он присел на корточки у въезда на шоссе и стал наблюдать. Дождавшись, когда схлынет поток машин, Питер перебежал по широкой дренажной трубе под дорожным полотном на ту сторону и перемахнул забор из металлической сетки. Сердце колотилось.

Он, пригибаясь, добежал до деревьев и стал искать удобное место, где можно срезать путь. Спустя несколько минут ему встретилась старая грунтовая дорога, отходившая под прямым углом от шоссе. По правде говоря, дорога была так себе, по ней и на машине-то не проедешь, разве что на телеге, — но она вела куда надо, на запад, и к тому же ночью по дороге будет легче шагать. И Питер свернул на неё.

Пока он шёл, лес становился гуще, тишину нарушали только птичьи голоса да беличьи шорохи. Может, цивилизация уже наконец осталась позади? Питер взбодрился, зашагал быстрее.

Но спустя несколько минут дорога вдруг свернула вбок и побежала по краю заброшенного пастбища, на котором кое-где росли одичалые фруктовые деревья с редкими цветками. А по другую сторону от дороги тянулась невысокая каменная ограда, за ней поле, сад и чьи-то угодья; за оградой, ближе к дальнему её концу, стоял приземистый сарай. Света в сарае не было, машины рядом тоже, но всё равно сердце у Питера упало. Сарай был свежевыкрашенный, кровельная дранка кое-где розовела новой древесиной. Значит, это просто дорога к чьему-то дому, только и всего. А может, ещё хуже: может, она ведёт к другой дороге, широкой и наезженной, а на атласе её нет просто потому, что сам атлас давно устарел. Короче, по этой дороге не пройдёшь напрямик через горы.

Измученный и голодный, Питер сбросил рюкзак и опустился на землю, привалившись спиной к уступу в каменной стене. Он стащил ботинки, откатил носки и оглядел вздувшиеся мозоли на пятках. Скоро они лопнут — вот тогда будет жуть. Питер откопал на дне рюкзака вторую пару носков и натянул поверх первой. Камни под его спиной за день нагрелись на солнце и продолжали отдавать тепло, хотя солнце уже висело над самыми верхушками деревьев, заливая выпас нежно-персиковым сиянием.

Питер вытащил пакетик изюма и стал есть по одной изюмине, запивая маленькими глотками воды. Потом вскрыл две палочки сыра и достал четыре крекера из пачки. Он ел, стараясь жевать как можно дольше, и одновременно следил за солнцем: оказывается, можно пронаблюдать от начала до конца, как оно опускается! Как же он умудрился прожить на свете двенадцать лет и не отсмотреть ни одного заката?

Питер зашнуровал ботинки. Он уже вставал с земли, когда увидел оленя, который выбежал из леса и скакнул через ограду на поле. Питер задержал дыхание. Олени выскакивали один за другим — всего он насчитал четырнадцать, — бродили по полю, одни щипали траву, другие деликатно обкусывали нижние ветки цветущих фруктовых деревьев.

Он опять присел на корточки, и тогда пасшаяся по ту сторону стены олениха, к которой жался пятнистый тонконогий оленёнок, повернула голову и посмотрела прямо на Питера. Он медленно поднял руку с раскрытой ладонью, чтобы она увидела: он не сделает ей ничего плохого. Олениха забеспокоилась, заслонила собой оленёнка, но, чуть постояв, снова потянулась к траве.

А потом в ясном сумеречном воздухе где-то за сараем взвизгнула пила, вгрызаясь в древесину. Все олени одновременно вздрогнули и, сверкнув белыми хвостами, унеслись в темнеющий лес. Перед тем как прыгнуть через ограду, олениха послала Питеру ещё один, последний, взгляд, будто говоря: *Вы, люди. Губите всё.*

Питер зашагал дальше. Сзади, на шоссе, у половины машин уже горели фары, и ему казалось, что все они нацелены прямо на него. Он сошёл с дороги в лес.

Земля здесь была губчатая и пахла торфом. Питер как раз обдумывал вопрос о том, не рискнуть ли ему включить фонарик, когда его нога, чавкнув, ушла под воду. Он ухватился за нависающую ветку и выбрался, но было поздно — оба ботинка уже наполнились холодной болотной водой. Питер пробормотал ругательство. Он взял с собой недостаточно сменных носков — тоже ошибка. Хорошо бы она оказалась последней.

Но в этот момент он совершил ещё одну ошибку, гораздо худшую.

Он попытался выбраться в темноте на более высокое место, зацепился правой ногой за корень и упал. Треснула кость — внутри ботинка что-то глухо щёлкнуло, — и тут же ногу пронзила острая боль. Он сидел задыхаясь, оглушённый этой болью, сидел долго. Наконец он подтянул ногу к себе и, содрогаясь от каждого движения, расшнуровал ботинок. Он приспустил мокрые носки — от увиденного опять перешибло дыхание: правая нога раздулась и увеличивалась на глазах.

Натягивая спущенные носки, он чуть не вскрикнул от боли; потом, сцепив зубы, затолкал ногу обратно в ботинок, пока она ещё больше не распухла. Подполз к дереву и поднялся, цепляясь за ствол. Он попытался ступить на правую ногу, снова чуть не рухнул. Ни разу в жизни он не испытывал ничего похожего на эту боль, — тот сломанный большой палец в сравнении с ней казался комариным укусом.

Он не мог идти.

# 7

Пакс изогнулся от удовольствия, ощутив тёплый вес привалившегося к нему другого упругого тела. Проснувшись пока только наполовину, он потянул носом, чтобы вдохнуть утешительный запах своего мальчика. Но запах оказался не человеческим, а лисьим.

И тогда он проснулся полностью. Прислонившись к нему, рядом похрапывал Мелкий — брат Иглы. Во сне он тихо поскуливал и обмахивал нос кончиком пушистого хвоста.

Пакс напрягся, подобрался. У него не было опыта доминирования, но что ему оставалось делать? *Возвращайся в свою нору.* Когда Мелкий попытался снова угнездиться у него на груди, Пакс цапнул его за плечо.

Мелкий дёрнулся и, просыпаясь, перекатился на ноги. Но не стал наклонять голову в знак покорности и не ушёл. Вместо этого он сделал стойку, которая приглашала: *играть*.

При других обстоятельствах Пакс был бы рад компании дружелюбного маленького лиса. Но сейчас у него не было желания снова выяснять отношения с Иглой — на самом деле у него сейчас не было никаких желаний, кроме одного: вернуться к своим людям.

Пакс взял пластмассового солдатика из тайника и положил перед Мелким — бери, можно. И снова велел ему уйти. Наконец, не получив ответа на свои умоляющие взгляды, Мелкий прихватил игрушку зубами и пополз к выходу. Пакс выбрался за ним и следил, пока маленький лис не скрылся в норе на расстоянии нескольких хвостов.

Когда ударила гроза — короткая, но злая, — когда небо потрескалось и раскололось на куски, Пакс втиснулся через тесный вход в заброшенную нору неподалёку от нор Иглы и её брата, не успев толком изучить окружение. Сейчас, в бледном свете месяца, он огляделся внимательнее.

Склон холма обращён к югу. Корни деревьев, крепко вцепившиеся в песчаную почву, растопырены, как узловатые коричневые пальцы. Между пальцами, так, что не сразу разглядишь, — три тёмных отверстия, три норы.

Выше по склону лес, он тянется к северу и к западу — к дороге. Ниже раскинулся широкий покатый луг, и за ним — долина.

Место выбрано идеально: на склоне негде спрятаться крупному хищнику, а деревья защищают лисиц от северных ветров. С луга в изобилии доносятся запахи жизни.

Теперь, когда Пакс смог всё это оценить, напряжение внутри него ослабло — почти как когда-то в щенячестве, когда он три раза подряд толкал свою миску в самый дальний угол комнаты — и его мальчик наконец понял, что нужно оставить её там. Подальше от холодной северной стены и с видом на дверь, из которой появлялся отец мальчика, иногда злой. *В безопасности.*

Правда, здесь Пакс не был в безопасности. Игла предупредила его, что внизу на лугу живёт старый лис со своей самкой. Его уже давно донимает чужак, желающий занять его место, и он не потерпит на своей территории ещё одного самца-одиночку.

Тут Пакс уловил движение: из кустов, растущих посреди луга, с видом хозяина появился крупный плечистый лис. Он пометил молодое деревце, сел и принялся умываться, но неожиданно замер — лапа возле уха — и повернул нос по ветру. Пакс тотчас заторопился в противоположную сторону, вверх по склону, и вскоре нырнул в подлесок.

Ночью лил дождь, но Пакс легко отыскал свой собственный запах. Он лишь несколько раз замедлял бег, чтобы слизнуть с листьев капли воды, и вскоре добежал до места.

Над дорогой ещё висел тяжёлый дух прогромыхавшего накануне каравана военных машин, но больше здесь никто не проезжал. Лис снова устроился на стволе упавшего дуба и стал ждать.

Утро принесло гул мошкары и щебет просыпающихся птиц; с дороги не долетало никаких звуков. Поднялось сухое горячее солнце и испарило дождевые капли, свисавшие с каждой зелёной травинки.

Пакса беспокоил голод, но жажда была сильнее — он не пил с того времени, как покинул дом своих людей. У него пересохло горло, распух язык. Когда он менял положение тела, в голове всё кружилось. Сто раз струился мимо него тонкий запах воды — он звал лиса, но Пакс не собирался уходить со своего поста. Его люди вернутся за ним сюда. Он вонзал когти в дубовую кору и напряжённо ждал рычания мотора. Дорога молчала. Прошёл час, другой. Пакс дремал, просыпался, вспоминал, дремал, просыпался, вспоминал. Потом ветер донёс до него что-то новое, и оно приближалось.

Лис. Тот самый самец, которого Пакс уже видел раньше, о котором предупреждала Игла. Поступь твёрдая, размеренная — ни одного лишнего движения. Свисающие складки на серебристо-серой шубе говорили о том, что лис стар. А когда он подошёл, Пакс увидел, что и его глаза сероваты и мутноваты от старости.

Дав себя понюхать, Серый улёгся на траве у ствола упавшего дерева. Лежал спокойно, ни разу не привстал — значит, не угрожал. *Ты пах-*

*нешь людьми. Я жил с ними раньше. Они приближаются.*

Внезапная надежда вернула силы Пакса. *Ты видел моего мальчика?* Он описал Питера.

Но Серый не видел никаких людей с тех времён, когда он жил с ними в юности. И это было в другом краю — где сухая, каменистая земля, долгие зимы и низкое солнце. Далеко отсюда. *Люди, которые приближаются, идут с запада. Они несут войну. Так говорят вороны. Они видели людей. Мальчика с людьми не было.*

От этой вести силы снова ушли. Пакс покачнулся и чуть не свалился со ствола, на котором лежал.

*Тебе нужна вода. Следуй за мной.*

Пакс колебался. В любой момент могут вернуться его люди.

Но вода нужна ему срочно, сейчас. *Это близко? Я услышу оттуда дорогу?*

*Да. Ручей протекает под дорогой. За мной.*

Серый держался уверенно, но не угрожал, и Пакс успокоился. Он сполз со ствола и последовал за старым лисом.

Вскоре они дошли до глубокого разреза в земле, из которого поднимались запахи воды и всего, что растёт и живёт в топкой грязи у воды. Пакс заглянул вниз и увидел серебряный ручей с чёрными камнями, который сверкал сквозь заросли зелёного тростника и ветви деревьев, цветущих розовым. Серый стал спускаться осторожно, зигзагами. Пакс, влекомый запахом воды, побежал напрямик, быстро обогнал старого лиса, но потом заскользил и так и доехал до самого низа.

Внизу он отряхнулся — и застыл в изумлении. Вода, мчавшаяся мимо него, текла из огромной трубы, намного огромнее той, из которой льётся вода в большую белую ванну, где купается его мальчик. Пакс наклонился к воде. Она была холодная, со вкусом меди, сосны и мха, и сама рвалась к нему в рот, как живая. Она жалила его зубы, заливала язык и горло. Он пил и пил и не мог оторваться, пока брюхо не раздулось.

Серый тоже спустился, попил, потом предложил Паксу отдохнуть вместе с ним.

Пакс поднял голову, напряжённо вслушиваясь. Дорога над трубой, сквозь которую текла вода, молчала. *Я должен быть у дороги, когда мои люди вернутся за мной.*

Серый лёг на землю и вытянулся.

*Вчера больные войной перекрыли дорогу.*

Пакс вспомнил караван из грузовиков, которые пахли так же, как новая одежда отца мальчика. После этих грузовиков по дороге больше никто не проезжал, это так. Но это неважно. *Мой мальчик вернётся за мной. Он будет искать меня на дороге.*

*Нет. Дорога закрыта. Вороны сказали так.*

Пакс молчал, перескакивал с камня на камень, молотил хвостом, бился над своей задачей. Наконец ответ пришёл: *Я сам пойду к моему мальчику. К нам домой.*

*Где твой дом?*

Пакс покрутился на месте, чтобы не оставалось сомнений, хотя сомнений и так не было: он чувствовал притяжение дома только с одной стороны. *На юге.*

Серый не удивился. *Там большие людские поселения. Когда больные войной явятся сюда, моей семье придётся перебраться на юг, ближе к этим поселениям. Или на север, в горы. Расскажи мне, какие там люди. Как жить с ними рядом?*

И снова поведение старого лиса помогло Паксу успокоиться. Он перестал скакать по камням, сел. *Я многих видел издали. Но я знаю только двух.*

*Те, которых я знал раньше, поступали фальшиво. А твои?*

Пакс не понял.

Серый сел и, волнуясь, передал Паксу людские поступки, которые он видел: человек отворачивается от соседа, умирающего от голода; делает вид, что у него нет еды, хотя его кладовые полны. Самка человека притворяется, что ей неинтересен самец, хотя она выбрала его для себя. Человек подзывает овцу из стада ласковым голосом и потом убивает её. *Твои люди так не делают?*

Пакс тотчас вспомнил, как отец мальчика, держа лиса за шкирку, выбирался из машины и как огорчённо звучал тогда его голос, но по резкому, сильному запаху лжи Пакс знал, что это огорчение фальшивое.

Он снова взглянул на ручей. Прямо перед ним поток, ударяясь о груду камней, разделялся надвое, а потом снова сливался, заплетаясь упругой серебряной косой. И Пакс вспомнил ещё кое-что.

Когда он был пугливым щенком — вскоре после того как мальчик его спас, — в дом пришла незнакомка с длинной серебряной косой, стекающей по плечу. Пакс видел из-под стола, как отец его мальчика улыбался ей, обнажая все зубы, — Пакс уже научился понимать, что это означает: *Приветствую тебя; рад тебя видеть; не желаю тебе зла*. Но внизу, под этой улыбкой, всё тело отца мальчика было сковано злостью и страхом.

Пакса озадачивал этот страх: незнакомка была маленького роста и излучала только заботу и доброту. Она много раз повторяла слово, которое, как уже понял Пакс, было связано с его мальчиком: «Питер» — и это слово звучало умоляюще. На лице отца мальчика висело, как замороженное, приветствие с обнажёнными зубами, но, когда он ей отвечал, вся комната до краёв заполнилась горьким запахом обмана. Когда незнакомка ушла и отец мальчика громко закрыл за ней дверь, его грудь была угрожающе выпячена.

Пакс обернулся к старому лису.

*Я тоже это видел. Мой мальчик так не делает, он — нет. Но его отец — да.*

Услышав это, старый лис как будто постарел ещё больше. С видимым усилием он снова сел и выпрямился. *Когда я жил с ними, они были беспечны. А сейчас?*

*Беспечны?*

*Они распахивали поля и убивали мышей, которые там живут. Без предупреждения. Они запруживали реки и оставляли рыбу умирать. Они по-прежнему так же беспечны?*

Однажды, когда отец его мальчика собрался срубить дерево, Пакс видел, как Питер залез на самый верх, снял птичье гнездо и перенёс его на другое дерево. В холодные дни Питер подкладывал в загородку Пакса свежую солому. А прежде чем садиться есть, всегда заботился о том, чтобы у Пакса тоже были еда и вода. *Мой мальчик не беспечный.*

Эта весть как будто принесла старому лису облегчение. Но всего на одно мгновение. *Когда придёт война, все они станут беспечными.*

*Что такое война?*

Серый помолчал. *Иногда лис поражает болезнь, от которой они забывают свои обычаи и набрасываются на других. Война — такая же болезнь у людей.*

Пакс вскочил на ноги. *Больные войной набросятся на моего мальчика?*

*Война пришла в тот край, где я жил с людьми. Всё разрушилось. Кругом был огонь. Много смертей. Гибли не только больные войной взрослые самцы. Их дети, матери, старики. Все животные. Везде, где они шли, больные этой болезнью сеяли гибель и разруху.*

*Они движутся сюда?*

Серый поднял голову и испустил долгий стон или вой, обративший воздух в печаль. *На западе, где уже война и люди убивают друг друга, разрушено всё. Так сказали вороны. Реки запружены. Земля выжжена; не осталось даже колючек. Погибли кролики и змеи, фазаны и мыши... все. Всё живое.*

Пакс прыгнул на тропинку. Он отыщет своего мальчика. Пока война не пришла сюда.

*Подожди.* Серый поднимался следом за ним. *Я пойду за тобой на юг. Я буду искать там новый дом. Но сначала ты иди за мной.*

*На луг? Нет. Лиса сказала мне не возвращаться.*

*Лиса не примет тебя, потому что ты жил с людьми.*

Перед Паксом короткими вспышками промелькнули те же картины, которые лиса недавно передавала своему брату: воет холодный ветер; лисы, самец и самка, попали в беду; стальные зажимы клетки; пятна крови на снегу; и потом, резко, — ничего.

*Но решать не ей. Следуй за мной. Мы отдохнём, насытимся, вечером пойдём.*

Звук, который Питер любил больше всего на свете, — стук кожи о кожу, мяча о перчатку, — казался во сне таким реальным, что он улыбнулся и открыл глаза. И вскрикнул от изумления.

Над ним стояла женщина, подкидывала бейсбольный мяч и ловила его перчаткой. На ней был старый, весь в заплатах, комбинезон, к лямкам которого были привязаны несколько линялых бандан, волосы иглами торчали во все стороны. Когда она качнула головой, чтобы рассмотреть Питера под другим углом, её иглы подпрыгнули и тоже качнулись.

Питер попытался отползти по некрашеному дощатому полу назад и опять вскрикнул, на этот раз от боли, которая выстрелила из правой ступни вверх. И сразу же всё вспомнил. Он испуганно заозирался, ища рюкзак. Рюкзак валялся за спиной у женщины, а его содержимое было разложено по полу. Женщина подошла ближе, мяч ударился о перчатку сильнее и твёрже.

*Его* мяч, о *его* перчатку, сообразил Питер. Мяч, который лежал в *его* рюкзаке. О перчатку, *на которой он спал.*

— Эй! Это мои вещи! Что вы тут делаете?

В ответ женщина откинула голову и то ли засмеялась, то ли залаяла. Потом, отбросив мяч и перчатку, она наклонилась и стала рассматривать его в упор. Одной рукой она придерживала пучок перьев, которые болтались на кожаном шнурке у неё на шее.

Теперь, вблизи, Питер увидел, что она вовсе не старая, как показалось ему вначале. Во всяком случае, не намного старше его отца. В волосах блестит седая прядь, но всего одна, и кожа гладкая. Она вдруг сощурилась и пощёлкала пальцами перед его лицом. Может, она сумасшедшая, мелькнуло у него.

— Э-э, нет уж, нет уж! Это ты вломился в мой сарай. Так что это *я* должна тебя спрашивать: что ты тут делаешь?

Питер отпрянул. Сумасшедшая или не сумасшедшая, но эта женщина сейчас нависает над ним, за спиной у неё стена, вся увешанная косами и топорами, а он, из-за этой ноги, не может даже убежать.

— Хорошо, хорошо... Я ушиб ногу вчера вечером. Проходил мимо вашего сарая, и мне надо было где-то переночевать, ну вот... ладно, я пошёл.

— Не так быстро. Что значит — ты проходил мимо моего сарая? Мой сарай, как видишь, на таком отшибе, что до него поди ещё доберись. И тут вообще-то частная территория.

Женщина выпрямилась в полный рост, и Питер ещё отодвинулся.

— Просто... я пошёл напрямик, возвращался домой... — в памяти промелькнула вчерашняя бейсбольная тренировка, — с тренировки по бейсболу.

— Ах, ты возвращался домой. Через мою территорию. С тренировки по бейсболу. Тогда у меня один маленький вопрос: а где твоя бита? — Она смотрела на разбросанные по полу вещи. — Вот я вижу, у тебя здесь есть изолента, мусорные мешки, браслетик-амулетик, одежда, еда, вода... а где же бита? А, мальчик?

Слово «мальчик» она произнесла немного странно — шелковисто и словно с двумя ударениями, — словно с акцентом. Ну или с намёком на акцент. Как будто там, где она жила в детстве, люди разговаривали на каком-то языке, который был похож на пение.

— Ну, я... просто не взял её с собой. Тяжело таскать.

Женщина опять качнула головой, на этот раз с нескрываемым презрением. Она рывком засучила левую штанину своего комбинезона. Ниже колена вместо ноги у неё торчал деревянный столбик, которым она стукнула о дощатый пол рядом с Питером.

— Вот, мальчик. Нога. Её тяжело таскать, знаешь ли. Массив сосны. Но я же таскаю, правда?

Тут женщина разглядела на своей деревянной ноге что-то, что, кажется, ей не понравилось. Она вытянула из-за пояса нож, наклонилась и чиркнула им по дереву, выхватив узкую полоску чуть выше того места, где должна была быть её лодыжка. Закончив, она разогнулась и опять смотрела прямо на Питера. И кончик её ножа смотрел прямо на Питера.

— Ну-с, попробуем ещё раз. Мне страшно любопытно: если ты был на тренировке по бейсболу, как же это получилось, что ты без биты?

Взгляд Питера скользнул с ножа на лицо женщины и опять соскочил на кончик ножа. Лезвие зловеще изгибалось, отсвечивало длинно и тонко. Ладно, может, она сумасшедшая. Может, и хуже. Сердце в груди у Питера спотыкалось, во рту пересохло, как в пустыне, но у него всё же получилось ответить:

— У меня её нет.

Женщина сверкнула полуусмешкой и подмигнула.

— Уже лучше. Хоть чуть-чуть похоже на правду. Как тебя зовут?

Питер сказал.

— Ну, Питер Без-битер, что там с твоей ногой?

Не отрывая взгляда от ножа, он стал разматывать накрученную флисовую куртку. Он даже не касался ступни, но боль снова выстрелила снизу вверх. Питера бросило в дрожь. Только сейчас он понял, что страшно замёрз.

— Я её подвернул.

Женщина присела на корточки, её деревянная нога выставилась неловко вбок. Питер отвёл глаза.

— Не двигайся.

Он даже не успел сообразить, что происходит, а она уже сунула холодное лезвие своего ножа внутрь его носка и вскрыла его одним движением. Питер крепко сжал губы, чтобы не закричать. Нога лежала раздутая, как баклажан, и такого же цвета.

— И ты на этом ходил?

Питер указал рукой на обломанную ветку, которая лежала рядом на полу:

— Я сделал себе палку.

Рука задрожала, и он её опустил.

Женщина кивнула и взялась обеими руками снизу за его пятку.

— Сейчас я её приподниму, — предупредила она. — Готов?

— Нет! Не трогайте!

Но женщина уже ощупывала его ногу. Время от времени она командовала:

— Пошевели большим пальцем. Так, теперь всеми. Теперь покрути ступнёй, вправо-влево. — Питер морщился от боли, но делал всё, как она просила.

— Тебе повезло, — сказала она, опуская ногу Питера на свёрнутую куртку. — Перелом пятой плюсневой кости, без смещения. Это крайняя кость стопы, одиночный чистый перелом.

— Повезло? Что значит повезло, когда перелом?

Женщина отклонилась назад, подтащила свою деревянную ногу к его руке и воткнула нож в древесину.

— Даже не знаю... Надо подумать, что это может значить: повезло... когда *всего лишь* перелом...

— Ладно, я понял. Простите.

— В таком возрасте, — женщина выдернула нож из деревянной ноги и направила остриё на Питера, как указку, — всё быстро срастается. Ничего, походишь в гипсе неделек шесть — заживёт.

— Откуда вы всё это знаете? Врач, что ли?

— Медик. Была. В другой жизни. — Женщина, балансируя на одной ноге, поднялась и посмотрела на Питера сверху вниз по-новому, словно только что прозрела. — А ведь ты беглец. — Она скрестила руки на груди и покачала головой. — Ну, я права? Сбежал?

— Нет! Нет! Я этот... турист.

Она зажала уши руками и нахмурилась.

— Извини, не выдержала. У меня детектор лжи зашкалило. Давай попробуем ещё раз. Говори: ты сбежал из дома?

Питер вздохнул.

— Не совсем.

— Не совсем. Тогда как ты оказался вчера на моей территории со своими запасами еды и одежды? А, Питер Без-битер?

— Ну в общем, я сбежал, но не из дома. А домой.

— Как интересно. Ну-ну, продолжай.

Питер глянул в окошко над верстаком. Высокие сосны пронзали бледное утреннее небо, на их верхушках переругивались вороны. Была бы у него история, которая бы помогла ему выбраться из этого сарая и идти дальше по дороге к Паксу, он бы её рассказал. И ушёл бы, и затерялся средь бела дня вместе со своим переломом пятой плюсневой кости и всеми делами. Но если и была такая история, Питер не мог её вспомнить. Он привалился к стене.

— Это из-за войны. Она движется к нашему городу. Они могут захватить реку. Моему папе пришлось пойти в армию. А мама умерла, мы остались вдвоём. И он отвёз меня...

— Сколько этому твоему папе лет?

— А?.. Тридцать шесть. А что?

— А то, что ничего ему не пришлось. «Пришлось» — это когда по призыву. А призывают восемнадцати-двадцатилеток. Это же мальчишки, им легче всего промывать мозги. А раз твой отец пошёл в армию, значит записался сам, добровольцем. Это был его *выбор*. Так что начнём историю с правды. У меня тут такое правило.

— Да, хорошо. Записался сам, *выбрал* сам. А меня отвёз к деду, и...

— И тебе там не понравилось.

— Да не в этом дело. А в том... слушайте, вы не могли бы его куда-нибудь положить?

Женщина посмотрела вниз и, кажется, удивилась, увидев в своей руке нож.

— Фу, как нехорошо, Вола, — пожурила она себя. — Совсем мы с тобой забыли, как ведут себя при гостях. — Она метнула нож, остриё воткнулось в край верстака. — Продолжай.

— Ага. У меня был лис. Есть лис. И мы его отпустили. Оставили в лесу у дороги. Мой папа сказал, что мы должны так сделать, но я точно знаю: я — не должен был.

С той самой минуты, когда они сели в машину и уехали, Питера мучили слова, которые он должен был сказать отцу, но не сказал. Теперь все они выплеснулись наружу.

— Я его вырастил. Он мне доверял. Он не выживет в дикой природе. Это неважно, что он просто лис — мой отец его так и зовёт, «просто лис», как будто лис — это какая-то недоделанная собака, недособака...

— Понятно, понятно. И ты разозлился и убежал.

— Я не разозлился! Нет. Это мой лис, он всегда жил у меня, во всём полагался на меня. Я вернусь и заберу его.

— Ну, теперь уж не заберёшь. Придётся слегка скорректировать планы.

— Нет. Я должен вернуться и забрать его домой. — Питер перекатился на колени, проглотил вскрик — нога опять выстрелила болью. Он ухватился за свою палку, попытался опереться на неё всем весом, но через секунду снова осел на пол и откинулся к стене. Будто такое простое движение выкачало из него все силы.

— Ну и как? Не передумал ещё? Где вы его бросили?

— Миль двести отсюда, — нехотя сказал Питер. — Ну, может, больше.

Вола усмехнулась.

— Ты и двух-то миль не проковыляешь. А знаешь, кто ты будешь завтра? Корм для медведя. Если сегодня к ночи не загнёшься от гипотермии. Ты ведь даже двигаться нормально не можешь, чтобы себя согреть.

Она оперлась на верстак и принялась наматывать на палец угол банданы, будто решая какую-то проблему. Питер подумал, что вид у неё сейчас не то чтобы совсем уж сумасшедший, скорее задумчивый. Может, озабоченный. Но, кажется, она наконец пришла к какому-то решению.

— Кто-то должен за тобой приехать, кто мог бы о тебе позаботиться. Ты мне тут совершенно ни к чему, да и некогда мне с тобой возиться. Но и просто выгнать тебя я не могу — у меня и так уже много всякого на совести. Значит, наложу тебе повязку на ногу, дам что-нибудь обезболивающее — что не запрещено давать детям, и тогда...

— Я не ребёнок. Мне почти тринадцать.

Вола пожала плечами.

— ...тогда проваливай. Ниже на шоссе станция техобслуживания. Позвонишь оттуда своему деду, пускай он за тобой приезжает.

— Я не собираюсь возвращаться к деду. Я иду за своим лисом.

— Не идёшь. Ты же не можешь опираться на сломанную ногу — значит, не идёшь. Вот когда срастётся кость — недель через шесть, не меньше, — тогда пожалуйста, топай куда хочешь.

— Шесть недель?! Нет, это слишком долго. Мой лис...

— Поверь мне, мальчик, я кое-что в этом понимаю. И я знаю, каково путешествовать с одной ногой. Хочешь двигаться куда-то раньше, чем срастётся перелом, — научись сперва перемещать свой вес с опорой на одни руки. Для этого нужны силы, причём совсем другие, не те, что у тебя были раньше. Это и для взрослого человека на грани невозможного, а уж ребёнок...

— Я не ребёнок.

Вола отмахнулась.

— Так что ты сейчас возвращаешься к своему деду, и пусть они там гипсуют твою ногу. Но я её сначала перевяжу и придумаю что-нибудь попрочнее этой твоей ветки, чтобы тебе было на что опираться. — Вола оттолкнулась от верстака и вышла из сарая.

Питер проследил, как она удалялась по тропинке между соснами, так сильно хромая и заваливаясь на один бок, что было больно смотреть. Потом он подполз к своему рюкзаку и собрал в него разбросанные по полу вещи. Встал, держась за верстак. От напряжения у него закружилась голова, и он какое-то время стоял, вцепившись в край верстака, ждал, чтобы прошла дурнота. В голове прочистилось, но, пока он стоял, нога начала угрожающе пульсировать; он попробовал перенести на неё хотя бы часть своего веса — и тут же понял, что ничего не получится. Но всё равно: Вола наложит повязку, и тогда он сможет ходить. Должен смочь.

Он примостился на краю верстака и стал ждать. Вчера вечером он мало что разглядел в сарае, хотя у него и был фонарик. Теперь он мог осмотреться внимательнее. Пол был чисто выметен, мешки с семенами и с удобрениями аккуратно составлены перед дверью. Пахло сухим сеном и деревом. Запаха живности не было, хотя где-то неподалёку слышалось кудахтанье.

Верстак, весь заваленный и обвешанный деревяшками и разными инструментами, тянулся вдоль задней, короткой стены сарая. На стене напротив, сбоку от входа, тоже были развешаны какие-то предметы, прикрытые сверху мешковиной, но было трудно разглядеть, что там, потому что рядом сиял прямоугольник двери.

Когда Питер немного присмотрелся, его опять бросило в дрожь, на этот раз не от холода. Висевшие на стене предметы походили по форме на человеческие головы. Мало ли что могло храниться под мешковиной в сарае на стене, это

вполне могло быть что-то абсолютно безобидное, но по форме — всё равно человеческие головы.

В горле у Питера пересохло, сердце толкалось о рёбра. Как же глупо он вляпался. Может, сумасшедшая его и отпустит — на что он ей сдался? А может, и нет, кто знает. Рядом из верстака торчал нож, который она метнула издали. Питер погладил прохладную рукоять. Конечно, как бы там ни сложилось, перевес всё равно будет на стороне сумасшедшей, но это же не значит, что он не может защищаться. Он выдернул нож, опустил в карман, и в этот же миг Вола появилась в дверях.

— Выпей. — Она подала Питеру кружку и поставила рядом миску с какой-то жижей.

Питер понюхал.

— Это сидр. Я добавила сюда ивовой коры, так что пей всё до дна.

— Зачем ивовая кора?

— Природный аспирин.

Питер отставил кружку. Сумасшедшая приготовила ему какое-то варево — спасибо, он не собирается его пить.

— Ну как хочешь. — Вола взяла миску, помешала зелёную кашицу пальцем.

— А это что?

— Мазь. Тут арника — от отёков — и живокост — это чтобы кость лучше сращалась. — Она жестом велела ему поднять ногу на верстак.

Мазь, которую она наложила на горячую туго натянутую кожу, холодила и успокаивала. Вола сняла с лямки комбинезона одну из бандан и обернула ею ступню Питера, сверху для надёжности обвязала ещё одной банданой. Потом выпрямилась и вытерла руки о штанины комбинезона.

— Какой у тебя рост?

— Пять футов три дюйма, а что?

Вола не ответила. Вдоль стены были сложены необработанные брусья, Вола отыскала среди них несколько брусков покрепче, отнесла на козлы и начала распиливать — но не по одному, а попарно, чтобы получалось сразу по два куска одинаковой длины. Запахло свежей чистой древесиной. Только когда она прибила к концам двух длинных брусков короткие поперечины, Питер понял. Костыли. Она делает для него костыли. Украденный нож тотчас потяжелел и теперь оттягивал карман.

Спустя несколько минут Вола уже укрепила верхние поперечины угловыми распорками и прикрутила опоры для рук. Поставила костыли рядом с Питером, что-то померила, отпилила по дюйму снизу.

Потом она выкатила старую покрышку из угла и направилась к верстаку. Прошла от самого его начала до конца, от стены до стены. Обернулась.

Щёки Питера горели.

— Ты взял мой нож? — В её голосе сквозило что-то опасное, что-то, что может в любой момент вспыхнуть, так что загорится дранка на крыше сарая.

У Питера опять закружилась голова и забухало сердце. Он достал нож и протянул ей.

— Почему?

Питер проглотил ком. Слова куда-то ушли.

— Почему?

— Потому что... В общем, я испугался, что вы можете меня убить.

— Убить? — Она не сводила с него тяжёлого взгляда. — Это потому, что я живу в этой глуши, одна? И поэтому — я убийца?

Питер повёл плечом в сторону развешанных по стене кос и топоров.

— Ах, мои инструменты. Но у меня тут лес, двадцать акров, а за деревьями надо ухаживать. И я вообще-то резчик по дереву. А ты решил, что это оружие?

Питер отвёл глаза. Ему было стыдно.

— Посмотри на меня, мальчик.

Он посмотрел.

— Возможно, ты не ошибаешься, — сказала она, не отпуская его взгляд. — Возможно, ты что-то видишь. Возможно, я... — она медленно подняла обе руки, собрала пальцы в щепоть и тут же выбросила две растопыренные пятерни Питеру прямо в лицо, будто выстрелила. — Бумм! Опасна. Вот так... без предупреждения.

Питер дёрнулся.

— Нет. Простите. Я был неправ...

Вола жестом оборвала его и резко отвернулась. Она вырезала из покрышки четыре полоски, обмотала резиной верхние поперечины и подручники, затянула бечёвкой, всё молча. И молча отдала костыли Питеру.

Питер поставил их от себя с двух сторон, повис на поперечинах — и немедленно почувствовал облегчение: теперь сломанную ногу можно подогнуть, но при этом стоять вертикально и не бояться упасть.

— Сильнее опирайся на кисти рук. Приподнимайся, не виси. Ставишь костыли перед собой, потом мах — и переносишь тело вперёд.

Питер начал её благодарить, но Вола снова его оборвала.

— По моей дороге спускаешься до шоссе, дальше налево. Через четверть мили заправка. Там разберёшься. — Она помогла ему надеть рюкзак, а потом отвернулась, придвинула к себе какую-то деревяшку и начала обстругивать её, как если бы он уже ушёл.

Питер попытался шагнуть к двери. Пошатнулся, но не упал.

— Это был скок, — сказала Вола, не оборачиваясь. — А я говорила: мах. Всё, выметайся.

Питер немного постоял. Он не знал, в какую сторону ему двигаться. Но не к деду, это точно.

Вола обернулась, качнулась вперёд, опять собрала пальцы в щепоть и выстрелила пятернёй Питеру вслед.

— Давай чеши. Пока цел.

# 9

Они уже почти добрались до края леса, когда Серый внезапно остановился и потянул носом воздух. *Опять.* Он поднял морду, ещё принюхался. *Сильнее.*

Пакс в нерешительности замер.

Однако старый лис уже спешил вниз по склону, к покатому лугу. *Одиночка бросает мне вызов. Он хочет эту территорию. Старается ради молодой лисы, этой зимой она будет выбирать себе самца.*

Выбегая вслед за Серым из леса, Пакс увидел сразу всю картину целиком: уходящий под уклон луг и на нём — четыре неподвижных точки, четыре лисицы. Игла и Мелкий стоят рядом, бок о бок, их уши с чёрными кончиками развёрнуты в сторону двух других лис.

Другие двое напряжённо застыли нос к носу на каменном уступе в середине травянистого ската: самка, темнее Иглы, с круглым брюхом, полным щенков, и крупный самец с жёстким рыже-бурым мехом. У самца шерсть на загривке стоит торчком, левое ухо надорвано.

Серый залаял издали, сообщая, что он вернулся. Соперник тотчас спрыгнул с уступа, дугой разбрызгивая кровь из уха, и удрал вниз по склону.

Серый и Пакс были уже на лугу. Когда Серый пробегал мимо Иглы и Мелкого, Паксу показалось, что брат с сестрой от одного присутствия старого лиса почти успокоились — словно их погладила по спинам невидимая рука. Мелкий даже начал взволнованно пританцовывать, радуясь встрече с Паксом, но Игла скривила губу и зашипела.

Пакс поспешил за Серым. Когда Серый поднялся на каменный уступ, где ждала его самка, Пакс не стал следовать за ним, а уважительно сел внизу.

Подруга встретила Серого с нежностью, потом поделилась с ним новостями.

*Этим утром прилетал ветер с запада. Он принёс запах огня. Мы должны уходить, скоро.* Она покосилась на Пакса. *Чужак пахнет людьми.*

Игла и Мелкий тоже подошли и держали уши поднятыми — ждали, что ответит Серый. *Он возвращается к людям, с которыми жил на юге. Я иду с ним искать подходящее место, куда мы сможем перебраться. Сейчас мы отдохнём, выйдем вечером.*

Игла опять глухо заворчала, и Пакса тотчас охватило желание бежать отсюда как можно скорее. Тем более что он и должен был бежать, искать своего мальчика. Но инстинкт говорил ему, что сначала надо отдохнуть и поесть. Пакс подал Серому знак, что он согласен, и старый лис и его самка спустились с уступа и молча скрылись в зелёной траве.

Мелкий подпрыгнул и налетел на Пакса, изо рта у него выпал игрушечный солдат: маленький лис приглашал Пакса играть. Подскочила Игла, лапой откинула игрушку в сторону. *Люди. Помни об опасности.*

Мелкий подобрал солдатика и, зажав его зубами, вызывающе обернулся к сестре.

Пакс чувствовал, что Мелкому сейчас придётся плохо, хуже прежнего, и виной тому — он, Пакс. Это было знакомое чувство, точно так же иногда приходилось плохо его мальчику, у Пакса даже была отработанная тактика для таких случаев: чтобы защитить своего мальчика от отцовского гнева, он исчезал. И сейчас он тоже попятился, но Иглу было не так легко провести. *Держись подальше от Воняющего Людьми,* приказала она брату. *Помни об опасности.*

Пакс приблизился на шаг. *Мои люди не опасны.*

Тут Мелкий словно бы разволновался и повёл себя так, словно Пакс — чужак, явившийся бросить вызов. Он припустил вверх по склону к своей норе. Но сестра, оказавшаяся проворнее его, заскочила вперёд и не дала ему скрыться, а когда он попытался улизнуть в другом направлении, пришлёпнула его тяжёлой лапой и не отпускала, пока он не сдался.

*Все люди опасны...*

И Игла передала картину, от которой по шкуре Пакса пробежала дрожь и шерсть встала: ветер — холодный, воющий, грозящий снегом. Пакс узнал этот ветер и понял, что сейчас будет начало истории, конец которой он уже видел: холодные стальные зубы и кровь на снегу.

Глядя прямо на Пакса, Игла обнажила клыки и начала.

# 10

Возле уступа в стене, где вчера он видел оленей, Питер остановился.

Уже пролилась первая кровь — споткнувшись, он выставил руку вперёд и проткнул нежную кожу у основания большого пальца об острый сучок — и ведро пота. Руки дрожали от напряжения, хотя он опирался на них всего несколько минут, резиновые подручники уже натёрли ладони, правая нога грозно пульсировала — но хуже всего было не это. И даже не то, что он мог скоро опять оказаться в мрачном дедовском доме.

Он шёл не в том направлении.

Он развернулся и двинулся в обратную сторону. Костыли перед собой — мах, перед собой — мах, и так до самого сарая Волы. В дверях он распрямился, чтобы его было видно во весь рост, и сказал:

— Нет.

Вола вскинула голову, нахмурилась, послала ему сердитый взгляд. Но в её лице мелькнуло что-то ещё, Питер это заметил: страх.

— Я не вернусь к деду, — сказал он твёрдо. — Неважно, захотите вы мне помочь или нет, я буду искать моего лиса.

— Тебе помочь?..

Стуча костылями, Питер прошёл к верстаку, сел на край.

— Научите меня. Вы говорили, что нужно знать, как правильно перемещать свой вес, что нужны силы. Вы умеете путешествовать с одной ногой — научите меня. Вы были медиком. Загипсуйте мне ногу. Пожалуйста. Я буду делать всё, что вы скажете. — Он дотянулся до кружки с сидром и выпил, чтобы Вола увидела, как он ей доверяет. — И тогда я уйду. Но даже если вы мне не поможете, я найду его.

— Ручной лис, которого выпустили в дикую природу? — Изогнув шею, она заглянула Питеру в глаза. — А ты знаешь, за это время он ведь мог уже и помереть.

— Знаю. Тогда это моя вина. Но если он умер, я отнесу его домой и похороню. Всё равно я должен вернуться, и найти моего лиса, и забрать домой.

Вола изучала Питера, как будто видела впервые.

— Так тебе надо домой или тебе надо к своему лису?

— Это одно и то же. — Ответ прозвучал уверенно, хотя и неожиданно для самого Питера.

— И ты уже на это нацелился, кто бы ни пытался тебе помешать? Потому что знаешь, что так правильно? Знаешь внутри, в своём сердце? — Вола сжала руку в кулак и постучала себя в грудь. — Тут?

Питер ответил не сразу, потому что эта женщина — то ли сумасшедшая, то ли нет — смотрела на него так, будто судьба мира зависела сейчас от его ответа. Но ответ получился точно таким же, как если бы он выпалил его не задумываясь. И точно таким же, как если бы он мучился над ним всю жизнь.

Он тоже постучал себя в грудь, и его сердце в ответ встрепенулось.

— Да. И вообще это единственное, что я точно знаю внутри, в моём сердце, тут.

Женщина кивнула.

— Ну что ж. Тебе двенадцать. Наверное, уже пора что-то о себе знать. Но это твои дела, я в них лезть не собираюсь. Знаешь так знаешь.

— То есть... вы мне поможете?

— Я тебе помогу. — Вола протянула ему руку. — Только у меня три условия...

# 11

*Мой брат родился во втором помёте моей матери. Они родились рано, в самом начале сезона. Весны в прошлом году долго не было. Снег упал и не таял; земля под ним лежала мёрзлая. Весь день наши родители искали пищу, потому что щенки всегда голодные. Я жила неподалёку; я тоже охотилась, помогала. Но пищи не хватало.*

*Двое из помёта умерли в один день. Ферма, умоляла мать отца. У людей на ферме в тёплом сарае живут жирные мыши. У людей на ферме в курятнике есть яйца.*

*Отец не хотел рисковать.*

*Когда третий щенок из помёта ослабел и больше не вставал, наша мать бросила отцу вызов.*

Мелкий поднял голову и послал сестре умоляющий взгляд. Игла проигнорировала.

*Она взяла меня и самого сильного щенка из нового помёта — мою сестру — и повела нас на ферму.*

Мелкий подполз и ткнулся носом в плечо Пакса. Лиса тотчас хлестнула его лапой по щеке — правда, мягкой лапой, заметил Пакс, без когтей. Мелкий кубарем покатился по земле.

*Снег вокруг сарая был плотно утоптан животными и людьми, и пахло грызунами. Мать сразу направилась к дыре между досками внизу сарая, мы шли следом, отстав от неё на несколько хвостов. Но перед самой дырой из земли выпрыгнули стальные челюсти — так внезапно, что воздух щёлкнул и зазвенел. Мать закричала.*

*Её передняя нога попала в капкан. Мать пыталась вырваться, но чем больше вырывалась, тем сильнее сжимались железные зубы. И она стала отгрызать свою ногу, чтобы освободиться. Мы несколько раз подбегали ближе, но она нас прогоняла. Появился отец. Он шёл по нашим следам. Он отогнал нас с сестрой в кусты и велел оставаться там. Потом он побежал к нашей матери, чтобы ей помочь.*

Когда Игла передала весь образ целиком, Пакс увидел двух лис, связанных старой любовью и новым страхом, и страх был так велик, что их глаза закатывались в глазницах, и так пронзителен, что Пакс чувствовал его острый запах.

Мелкий жалобно заскулил. Паксу хотелось его утешить, но Игла велела не приближаться.

*Тогда пришёл человек с палкой. Родители закричали нам, чтобы мы бежали домой. Мы остались. Мы видели. Человек поднял палку, и на наших глазах наша мать и наш отец начали превращаться в кровь, клочья меха и осколки костей на снегу.*

Мелкий опять заскулил и попытался убежать в нору, но Игла его не пустила.

*Мы с сестрой не могли уйти от тел наших родителей. Стало темно, и снова светло. Мы оставались там, прятались в поленнице за сараем. Наконец мы пошли домой, но ночью был снег. Он засыпал все звуки и запахи. Мы заблудились и заползли под сосновые ветки. Моя сестра была совсем маленькая, и я обернулась вокруг неё. Утром она умерла. Когда снег перестал сыпать, я увидела, что сосна, под которой мы спрятались, росла у подножия нашего холма. Наш дом был совсем рядом.*

И на этой картине — замёрзший трупик сестры под лапами раскидистой сосны — силы у Иглы, кажется, закончились.

*Почему у нас нет семьи, брат?*

Мелкий обернулся к Паксу. *Из-за людей у нас нет семьи.*

Игла молча золотыми глазами смотрела на Пакса, будто приглашала бросить вызов.

Если бы мог, он бы передал ей доброту, которую его мальчик давал ему каждый день. Но её ненависть к людям была глубока и справедлива. Поэтому он просто подставил ей щёку в знак сочувствия. Игла отвернулась и приказала своему брату возвращаться в нору.

# 12

— Ты заходишь, или я для мух держу дверь?

Питер скинул рюкзак и, опираясь на костыли, оглядел бревенчатую стену дома.

— Эти деревья росли здесь.

Это был не вопрос, но Вола кивнула и указала на склон горы.

— Вон там, на верхушке Каменного хребта. Это ели. У тебя, небось, был в детстве такой конструктор — «собери хижину из брёвнышек»? Вспоминаешь его сейчас?

— Вроде того. — Но на самом деле Питер думал о другом. Он провёл ладонью по одному из брёвен. Каково это — сделать своими руками что-то такое... цельное, от начала до конца? Валить высокие ели, смотреть, как их кроны из ясного голубого неба летят на землю, катить стволы, толкая их липкими от пахучей смолы руками, укладывать брёвна одно на другое пазом вниз — да, точно как в конструкторе, с которым Питер так любил играть в детском саду, много-много брёвнышек в картонной коробке, — и в конце получить *дом*. — Это вы построили?

— Нет, это до меня. Ну входи уже, сколько я буду ждать?

Питер медлил.

— А что за три условия? Вы обещали сказать, когда мы придём.

Вола вздохнула, шагнула через порог обратно на гранитную плиту, служившую ступенькой, — комариная сетка у неё за спиной захлопнулась — и наклонилась к банке с семенами. Тотчас с соседних деревьев к ней спорхнула маленькая пернатая тучка — птицы. Кормушка была подвешена к углу крыши, Вола наполнила её и только после этого ответила:

— Условие первое: никто не должен сюда приезжать. Если я живу одна, то у меня есть на это причины. Ты пишешь своему деду, рассказываешь ему всё что угодно, только уж будь добр, постарайся, чтобы никто сюда не являлся. Но сообщить родне, что ты жив, а не валяешься бездыханный где-нибудь в канаве, — это обязательно.

Питер отшатнулся, чуть не опрокинулся навзничь. От резкого движения опять выстрелила боль, но он закусил губу.

— Нет, нет! Если я напишу, он меня заберёт.

— Это условие номер один. Не обсуждается.

Она взяла из банки ещё несколько семечек и вытянула руку перед собой. Маленькая гаичка спорхнула с кормушки на кончики её пальцев и стала клевать. Когда семечки на ладони кончились, Вола подбросила гаичку в воздух и обернулась к Питеру.

— Условие номер два: ты мне рассказываешь, почему ты носишь с собой этот браслет.

Питер взглянул на свой рюкзак, и его сердце сжалось: это совсем личное, не для чужих ушей.

— Зачем?

— Затем, что мне любопытно. И вообще, по тому, что солдат берёт с собой в бой, можно многое о нём узнать.

— Я не солдат. Я просто иду домой.

— Да, правда? А мне показалось, ты идёшь туда, где война, и вдобавок собрался там за что-то сражаться. Ну, не солдат так не солдат, как хочешь. Но второе условие у меня прежнее: когда я задам тебе этот вопрос, ты расскажешь, почему носишь с собой вот этот самый браслет. Причём расскажешь правду — такое у меня правило. Идёт?

Питер кивнул. Его правая нога пульсировала, левая ныла от двойной нагрузки, футболка промокла насквозь — пока он прохромал эти сто ярдов от сарая до дома, с него сошли сто потов, — но он не собирался отступаться.

— А третье условие?

— Ты должен будешь мне кое в чём помочь. Ого, какой взгляд. Не волнуйся — просто бывает работа, которую удобнее делать вдвоём, вот и всё. Но я пока не готова посвящать тебя в детали. — Она подняла его рюкзак. — Идём в дом. Пора уже дать твоей ноге отдых. И подозреваю, что вы проголодались, господин Питер Без-битер Не-совсем-беглец.

Питер вдруг осознал, что умирает от голода. И всё же он колебался. Он обернулся посмотреть на горы — туманно-голубые, подсвеченные солнцем. Пакс там. До него ещё далеко.

Вола подошла, встала у него за спиной. Питеру показалось, что она подняла руку, будто собиралась положить ладонь ему на плечо, но опустила.

— Знаю, о чём ты думаешь, — сказала она. — Но ты пока не готов идти.

* * *

Внутри дома было светло, ярко и чуть-чуть пахло дымом. Вола похлопала ладонью по краю соснового обеденного стола, Питер сел. Она набросила ему на плечи одеяло, потом вышла и вернулась с пакетом, наполненным кубиками льда. Она подставила под его ногу стул, пристроила пакет со льдом. Влажной махровой салфеткой вытерла кровь с его руки. Закончив, вручила ему кухонную доску с ножом и буханкой хлеба. Питер отодвинул доску в сторону и спросил:

— Сколько это займёт времени?

— От тебя зависит. — Она кивнула на буханку: — Что, с руками у тебя тоже что-то не так? Нарежь хлеб.

*— Сколько?*

— Пойдёшь, когда сможешь двигаться на костылях по пересечённой местности по восемь часов в день. Думаю, две недели. Шесть кусков.

— Вы не понимаете. Он не выживет!

Вола наклонила голову, посмотрела на Питера пристально. И указала большим пальцем на что-то за его спиной:

— Номер одиннадцать.

Питер оглянулся. Над столом были вразброс приколоты кнопками к стене каталожные карточки. Он отыскал карточку с кривоватым номером 11 наверху и прочёл вслух:

— *Гольфстрим протечёт через соломинку, при условии что соломинка развёрнута в направлении Гольфстрима, а не поперечных течений.* И что это означает?

— Это означает: развернись.

— То есть?

— Оцени ситуацию и прими её. У тебя сломана нога. Она сломана, мальчик. И мы договорились: ты остаёшься у меня до тех пор, пока я не скажу, что ты готов идти. Я объясняла, у меня и так уже много чего на совести, хватит. Так что выбор за тобой: либо остаёшься, пока я не скажу — пора, либо прямо сейчас возвращаешься к деду. Ну и? Ты передумал?

— Нет, но...

— Ага, значит, согласен? *Дьяблеман,* да нарежь ты уже этот хлеб.

Питер хотел было спорить, но не стал. Конечно, он не собирается тут торчать никакие две недели, но сейчас безопаснее всего слушаться и делать, что ему говорят.

Он наклонился над разделочной доской и начал нарезать, один за другим, шесть ровных толстых кусков хлеба. Вола тем временем шлёпнула на сковородку кусок масла и зажгла газ. Не оборачиваясь, указала на полку над рабочим столом.

— Выбери себе что-нибудь.

Во всю длину полки, как жидкие самоцветы, радужно мерцали стеклянные банки, составленные друг за другом в три ряда. Питер почитал надписи, сделанные большими печатными буквами от руки: ВИШНЯ, СЛИВА, ПОМИДОРЫ, ЧЕРНИКА, ЯБЛОКИ, ТЫКВА, ГРУША, ЗЕЛЁНАЯ ФАСОЛЬ, СВЁКЛА, ПЕРСИКИ. С края полки свисали плетёнки сухого чеснока и стручкового красного перца.

— Вы это всё сами выращиваете?

Вола, стоя к нему спиной, кивнула.

— У вас там сейчас деревья цветут — это что?

— Те, что вдоль ограды? Персики.

Питер указал на банку в конце полки.

— Тогда персики, — сказал он. — Если можно.

Вола открыла банку и дала ему вилку.

— Ой, а что это там за ветка?

— О господи. — Вола закатила глаза, выудила «ветку», слизнула сироп и бросила её через плечо в раковину. — Корица это. Ешь. — Забирая нарезанный хлеб, кивнула одобрительно. — Чеддер или швейцарский?

— Думаю, чеддер, наверное.

Вола выпрямилась.

— Ты *думаешь*, мальчик? То есть думаешь, но точно *не знаешь?*

Питер пожал плечами и нацепил ломтик персика на вилку. Вкус был такой же солнечно-золотой, как и цвет.

Вола, кажется, собиралась ещё что-то добавить о сырах, но решила воздержаться. Она сжала губы и, развернувшись — крутанувшись на деревянной ноге, — похромала к задней двери. Через минуту вернулась с куском сыра и молча принялась делать бутерброды. И вскоре они уже шипели на раскалённой сковородке.

Питер огляделся. В доме было не слишком просторно, но и не тесно. В чистые окна лилось солнце, омывая бревенчатые стены медовым светом. Перед камином стояли два кресла в синюю полоску и между ними, вместо журнального столика, — сундук со стопками книг.

Несколько фонарей-бочонков стояли внизу или свисали с потолочных балок.

На камине фотографии, на стенах несколько картин, на полу возле кресла — корзинка с пряжей. Через открытую дверь за камином Питер увидел угол кровати, заправленной жёлтым клетчатым стёганым покрывалом. Для такой ненормальной хозяйки это был удивительно нормальный дом. Но всё же чего-то в нём не хватало. И ещё, заметил Питер, в доме было очень-очень тихо — вообще никаких звуков, не считая чирикания за окном и скворчания на сковородке, — но дело было не в этом. Не совсем в этом. Наконец его осенило:

— Ого. Да у вас тут электричества нет.

Вола перевернула лопаткой бутерброды.

— Насколько мне известно, в нашей стране это не преступление. Во всяком случае, пока.

Питер попытался прикинуть, чего бы у него не было, если бы не было электричества, но быстро сбился со счета. Он выловил последний кусочек персика, стуча вилкой о стеклянное дно. Вола всё ещё стояла к нему спиной, поэтому он поднял банку и допил оставшиеся капли сиропа.

— Нет, стойте. А откуда же у вас тогда лёд?

— На веранде стоит холодильник. Но он газовый. И плита тоже. И водонагреватель. Так что у меня тут есть всё необходимое.

Она поставила на стол две синие тарелки. От запаха еды у голодного Питера текли слюнки, но он ждал. Он чувствовал, что Вола ещё не закончила.

— И не только необходимое, гораздо больше. — Она села. — У меня есть мир.

— Потому что тут тихо?

— Нет. Потому что я ровно там, где должна быть, и делаю ровно то, что должна делать. Это — мир. Ешь.

Питер откусил бутерброд. Хлеб, пропитанный горячим сыром, подрумянился и хрустел.

Он отщипнул уголок и уже собирался по привычке опустить руку с угощением под стол, но вспомнил: под столом нет лиса. И он подумал: скучает ли Пакс по нему так же сильно, как он сейчас скучает по своему лису?

— Вам тут не одиноко?

— Я вижусь с людьми. С Беатрисой Букер, библиотекаршей. И с Робертом Джонсоном, водителем автобуса. И... в общем, я с ними вижусь. — Она сходила за сковородкой и переложила ещё один горячий бутерброд ему на тарелку. — Ешь.

Питер ел и думал над тем, что Вола сказала о мире. Закончив, он слизнул с пальцев масляные крошки.

— Что значит — вы делаете ровно то, что должны? Вы работаете?

— Естественно, работаю. У меня только под огородом пол-акра, а под фруктовым садом в два раза больше. Сегодня, например, я должна посеять окру и фасоль. Может, успею ещё поменять прокладку у погружного насоса. Тут всегда полно работы.

— Но вы не ходите на работу, не зарабатываете деньги? Как же вы всё покупаете? Ну, там, инструменты, которые у вас в сарае, или, — он широко взмахнул рукой, — все вещи?

Вола оперлась задом на край рабочего стола, вытянула вперёд свою деревянную ногу и постучала по ней лопаткой.

— Моя страна ежемесячно подкидывает мне чуть-чуть кровавых денег. В обмен за мою ногу.

Она бросила лопатку в раковину и покачала головой.

— Такая вот сделка, *дьяблеман*. Оказалось, что моя нога для них — невеликая ценность. Лучше бы они мне это сказали раньше, до того как посылать меня в разведку на минное поле. Потому что мне нравилась моя нога. Это была хорошая нога — с виду, может, и не очень, но для дела вполне годилась. Однажды она домчала меня аж до соседней деревни — это когда в шестом классе мы с Дирдре Калланан подожгли дровяной сарай её папаши. А в седьмом — она очень метко сшибла улыбочку с физиономии Генри Валентайна, когда этот поганец попытался ущипнуть меня за попу. И я ещё могла бы про неё порассказать. Нога — это дорогая цена. Каждый день, каждый божий день я жалею, что её уже не вернёшь.

— А почему вы не закажете себе — ну, такую, которая... более...

Вола опять выставила вперёд ногу и, вздёрнув штанину, оглядела свой деревянный столбик.

— Протез? Протез они мне сами изготовили. Страшно хитроумная штука, я всякий раз, как смотрела вниз, пугалась до чёртиков. И тогда я сделала свой протез. Он, конечно, тяжеловат и безобразен, но на войне я ведь тоже творила кое-какие безобразия. Так что, думаю, я вполне заслужила таскать это за собой.

— А тот ваш — ну, настоящий протез... вы его просто выбросили? — Питер представил, как вытянулось лицо у мусорщика, подобравшего ногу на свалке.

— Зачем? Я им пользуюсь. Иногда. Вот сейчас, например, он у меня в огороде, пристёгнут к пугалу. Пугает там ворон до чёртиков, очень удобно.

Она встала и торопливо нахлобучила на себя старую соломенную шляпу, будто только что совершенно неожиданно вспомнила про свой огород.

— До темноты вернусь. Туалет во дворе, за двумя кедрами. Вон там, в закутке, — ванна. Можешь поплескаться, если хочешь. Веранда — твоя. Точнее, твоя и Франсуа, вас там будет двое. Ногу держи выше.

— Кто такой Франсуа?

От лающего короткого смеха Волы Питер опять вздрогнул. Она мотнула головой в сторону задней двери, которая вела на затянутую комариной сеткой веранду.

— Небось, и сейчас там дрыхнет, ленивый воришка. — Вола подошла к двери, выглянула, кивнула. — Иди посмотри.

Питер встал, опираясь на костыли. Вола одной рукой придержала дверь, другой махнула в дальний угол. Из дровяного ящика на Питера смотрели два глаза, обведённые тёмными кругами. Питер наклонил голову, вглядываясь. Енот тоже наклонил голову.

— Франсуа Вийон. Это в честь одного вора, самого знаменитого в истории. Он был не только вор, но ещё и поэт, и у него была куча почитателей. Всякий раз, как его арестовывали, кто-нибудь обязательно добивался, чтобы его помиловали.

Улыбаясь, Питер нагнулся, чтобы рассмотреть енота ближе.

— Эй! Чак-чак-чак, — позвал он тихо — так он всегда приветствовал Пакса по утрам.

Енот ещё немного лениво потаращился, потом потерял интерес и, устраиваясь поудобнее на поленьях, закрыл глаза.

— Он дикий или ручной?

Вола отмахнулась от его слов, как от комаров.

— Я держу дверь на веранде открытой, он когда хочет, тогда и приходит. Мне нравится его общество. Я его подкармливаю — хотя это необязательно, он и без меня жиреет. А насчёт курятника у нас с ним уговор такой: он не трогает моих девочек, а я время от времени угощаю его взбитым яйцом. Он компаньон — вот самое подходящее слово. — Она указала на перекладину под потолком. — Завтра можешь несколько раз подтянуться. А сегодня просто старайся не наступать на больную ногу. И держи её высоко — желательно выше сердца. — Она кивнула на холодильник. — Прикладывай лёд время от времени. Надо, чтобы спал отёк, тогда вечером можно будет её загипсовать. От боли каждые несколько часов пей ивовую кору — столовая ложка на стакан воды.

Питер кивнул, и на этом его силы кончились: он опустился в гамак, подвязанный к потолочным балкам.

Вола собралась уходить, но на пороге обернулась и сложила руки на груди. На лице у неё было непроницаемое выражение.

— Что? — спросил Питер.

— Так, думаю, — ответила она. — Вот ты у меня на веранде. Ну и какой ты теперь — дикий или ручной?

# 13

Когда Пакс проснулся, был уже вечер. Боль, которая ещё вчера начала крутить его брюхо, стала сильнее; попытавшись подняться, он на миг потерял равновесие; все его мышцы дрожали.

Он с отстранённым любопытством проверил, всё ли цело, нет ли ушибов и ран. Однажды, когда он заболел, мальчик заставил его проглотить таблетку, и после этого все чувства Пакса притупились, а реакции замедлились. Примерно то же самое было теперь.

Он снова лёг на холодную землю и смотрел, как внизу Серый и его подруга поднялись со своей лёжки, понюхали воздух, облегчились, а потом отправились добывать еду. Из норы неподалёку вынырнула Игла и, приказав брату сидеть дома, тоже потрусила на охоту.

В тот день, когда они с мальчиком сели в машину, Пакс с утра беспокоился и не подходил к миске с кормом. То есть с тех пор, как он последний раз ел, прошло три полных дня. Пакс никогда не видел смерти, но знал, что она заберёт его, если он не найдёт еду. Это была не очень настойчивая мысль, и вскоре она отлетела. Однако другая мысль — что он должен найти своего мальчика, убедиться, что мальчик в безопасности, — заставила лиса снова подняться. Сначала он привстал на передних ногах, немного постоял, потом выпрямил задние.

Через какое-то время его голова очистилась, и он побрёл вперёд. Нора Иглы, нора Мелкого. Из тайников в мягкой земле пахну́ло остатками добычи, но тайники были помечены резким предостерегающим запахом, и он не стал их трогать.

Чуть в стороне валялись недоглоданные тушки — корм для мелких падальщиков. Пакс подошёл, поковырял мертвечину. Только на хвосте болотного хомяка оставались ещё клочки плоти. Плоть была хрящеватая и слишком тухлая даже для ворон, в ней копошились личинки.

Пакс приблизил морду, открыл было рот, но запах оттолкнул его. Нет, это не еда.

На дрожащих лапах он отошёл на несколько шагов, сунул нос в листья молодого клевера и стал жевать, чтобы очистить носовые ходы от тяжёлого запаха. Он проглотил зелень, попробовал поесть ещё — хоть так утешить усохшее брюхо. Но это было ложное утешение, клевер не придавал сил. Пакс перестал жевать, и снова вернулась ясная мысль: он должен найти своего мальчика.

Тут в траве позади послышалось движение. Притуплённые чувства Пакса не успели среагировать на сигнал, когда что-то упругое, горячее напрыгнуло на него сверху.

Мелкий шумно радовался успешному наскоку. Пакс не двинулся, чтобы его стряхнуть, и Мелкий удивился. Пока маленький лис обнюхивал и облизывал его, Пакс лежал не шевелясь: он был слишком слаб и не мог тратить энергию на то, чтобы отбиваться.

*Болен?*

Пакс не ответил, закрыл глаза — ему мешали косые солнечные лучи.

Мелкий убежал, но через несколько минут вернулся, из пасти у него свисал червяк. Маленький лис положил червяка перед лапами Пакса.

Пакс отполз, но откуда-то снизу опять выплыла та мысль: он должен найти своего мальчика. Он избежит смерти, если будет есть. Пакс куснул червяка.

Непривычный вкус живой плоти вызвал рвотный позыв, Пакс отвернул морду.

Мелкий откопал ещё одного червяка, принёс, положил. На этот раз Пакс поднялся на ноги и сделал несколько шагов, но опять лёг.

Мелкий подошёл, боднул его лбом. *Ешь.*

Пакс, собрав все силы, попытался доминировать. *Уходи.*

Мгновение маленький лис смотрел на старшего, потом развернулся и убежал, скрылся в траве. Пакс с облегчением опустил голову на лапы. У него не осталось энергии на то, чтобы давать отпор. Но вскоре Мелкий снова появился, за зубами у него было что-то круглое. Подбежав, он уронил свой дар на землю, и треснула скорлупа.

Яйцо. Запах вызвал острое воспоминание. Однажды, когда Пакс ещё был щенком, он вспрыгнул на кухонный стол своих людей и нашёл там твёрдый белый шар. Пакс тронул его лапой — он думал, это какая-то игрушка его мальчика. Шар скатился со стола и разбился, выплеснув на пол свою восхитительную тайну.

Когда Пакс ещё вылизывал последние капли, вошёл отец Питера и с размаху отшвырнул его ногой. У Пакса потом долго болел бок, но яйцо того стоило. С тех пор Пакс при всякой возможности пробирался на кухню и проверял, не появились ли на столе новые яйца. И несколько раз ему везло.

Перепелиное яйцо, которое принёс Мелкий, было меньше тех, которые ели его люди, оно пахло лесом, и у него была крапчатая скорлупа, облепленная сухой травой. Но это совершенно точно было оно — яйцо.

Пакс встал. Мелкий попятился, чтобы не мешать. Пакс вылизал золотой желток, вылизал всё, что разбрызгалось по траве, до капли, и поднял глаза, чтобы выразить свою благодарность.

Мелкого не было, он исчез. Но вскоре вернулся, осторожно неся за зубами ещё два яйца. Пакс съел их с жадностью. Мелкий уходил и возвращался ещё дважды. Пакс ел и ел — наконец, когда после семи яиц его брюхо наполнилось, он упал на песчаную площадку перед лисьими норами и закрыл глаза.

Мелкий вспрыгнул на узловатый корень и сел.

Пока Пакс спал, маленький лис с клочковатой шерстью и торчащими косточками охранял его сон.

# 14

Питер услышал шаги Волы — тяжёлая сосна, лёгкая женская нога — и бросил поленья обратно в ящик. Стоя у двери, он смотрел, как Вола на кухне качает насосом воду для раковины.

— Держал ногу кверху?

— Ага, почти всё время.

На самом деле он раз десять вставал, чтобы подтягиваться на балке, и только что полчаса поднимал поленья вместо гантелей. Руки ныли, нога начинала болеть, как только он её опускал, но он не мог лежать и ничего не делать, зная, что Пакс неизвестно где.

Вола, не оборачиваясь, начала намыливать руки.

— Написал письмо?

Питер притянул костыли поближе. Он постепенно к ним привыкал и с костылями под мышками теперь чувствовал себя увереннее.

— Да, но...

— Никаких «но». Пишешь по одному письму в неделю. Я уже говорила, у меня есть знакомый водитель автобуса, Роберт Джонсон, — я его попрошу, он будет отправлять их из разных мест по своему маршруту. Первое условие, помнишь?

Питер попытался резко отвернуться, но получилось так себе: он чуть не упал. Отвернулся в другую сторону — удачнее.

— Уговор?

— Да.

— Хорошо. — Вола повесила посудное полотенце на крючок, дохромала до камина и кинула на решётку скомканные газетные обрывки. — Тогда переходим ко второму условию. Браслет с амулетом. Мамин, насколько я понимаю. Почему ты носишь его с собой? Почему именно его?

Питер вмиг одеревенел: так бывало всегда, когда кто-то спрашивал его о маме, — будто его телу требовалась абсолютная неподвижность, чтобы решить, можно говорить или нет. Обычно оказывалось, что с посторонними нельзя, и Питер удивился, когда его пальцы, вцепившиеся в подручники костылей, слегка расслабились, и горло разжалось.

— Она всегда его носила. Когда я был маленький, поднимала руку и держала, чтобы я мог поиграть с амулетом. Я сам этого не помню, но видел на фотографии. И помню, как она мне про него рассказывала. Про амулет, в смысле. Это феникс. Такая волшебная птица. Она красная, золотая, лиловая — всех цветов рассвета, а главное, она...

— ...восстаёт из пепла. Я знаю, что такое феникс.

— Да, но из *собственного* пепла! Вот про это мама особенно любила.

— Из собственного?

— Если феникс устал, ну то есть совсем выдохся, он строит себе гнездо на верхушке дерева, далеко от всего. — Питер замолчал. Ему вдруг пришло в голову, что дом Волы похож на такое гнездо. Он огляделся, опираясь на костыли. Да. Тайное гнездо, окружённое деревьями, далеко от всего и от всех. Вола сидела перед камином, складывала щепки шалашиком над газетными комками. Питер надеялся, что она не читает его мысли. — Феникс наполняет своё гнездо чем ему нравится — кажется, миррой и корицей. А потом гнездо вспыхивает, и старое тело феникса сгорает, и из пепла старой птицы вылетает новая птица. Мама вот это очень любила. Она говорила: даже если всё-всё плохо, мы всегда можем возродиться и начать заново.

Вола не отвечала. Она поднесла спичку к комку из газеты и смотрела, как вспыхивают язычки пламени. В пляшущих отблесках её лицо казалось суровым. Она подбросила в огонь пару поленьев. Потом ещё одно.

— Вышел бы ты прогуляться, — сказала она, не поднимая головы. — Потренировался бы ходить на костылях, пока не совсем стемнело.

Питер толкнул дверь и осторожно шагнул на гранитную ступеньку. Он почувствовал облегчение, оказавшись снаружи. Может, он что-то не так сказал? Он понятия не имел что. Или просто человек становится странным, когда долго живёт в лесу, совершенно один. Но кое в чём Вола права: ему надо тренироваться ходить по земле, а не только по полу. Он уже потерял целый день — целый день! Да, наверное, ему понадобится сколько-то времени, чтобы научиться ходить на костылях и чтобы нога чуть-чуть зажила, но, как только сможет уйти, он уйдёт.

Он не стал прогуливаться по расчищенному двору, а сразу направился туда, где земля была неровная, оплетённая корнями и заросшая кустарниками. Первый раз он огибал дом мучительно долго. На втором круге дело пошло чуть веселее, а к пятому он уже чувствовал себя почти уверенно, но всё равно, подходя к гранитной ступеньке, обливался пóтом.

В доме было тихо, только потрескивал огонь в камине. Вола сидела в кресле, шила что-то жёлтое. В этой тишине и в том, как спокойно вечернее солнце освещало бревенчатые стены — словно всё в мире хорошо, — Питеру вдруг почудилась насмешка.

Всё в мире было *плохо* — прошёл ещё день, а его лис по-прежнему где-то там, один. Скоро наступит ночь, Паксу будет холодно. И, наверное, он голоден. И напуган. А вдруг он не нашёл воду, тогда что?

Питер вынес костыли вперёд, сделал мах, вынес вперёд, но тут один из костылей споткнулся о коврик. Чтобы удержать равновесие и не разбить фонарь, Питеру пришлось упереться вторым костылём в стену.

— Короче шаг. Скоро наловчишься.

— Скоро? Скорее мой лис погибнет! — Он бросил костыли и опустился на стул. — И какой тогда смысл во всём этом? Чем оно мне поможет? А?

Вола опустила шитьё.

— По-твоему, я похожа на гадательный шар? — Она вышла на веранду и вернулась с пакетом льда; потом подняла ногу Питера на второй стул и пристроила пакет со льдом. — У меня нет для тебя ответов.

При виде своей бесполезной ноги Питер опять начал вспоминать всё, чего он теперь не мог сделать. Он отвёл глаза.

— А почему нет? Зачем вам тогда все эти... — он ткнул пальцем в россыпь каталожных карточек на стене, — вся эта ваша мудрость? Это ваше философское бинго! Живёте тут одна... Вы, может, вообще провидица, откуда я знаю. А может, ведьма.

Питер сам себя не узнавал: только что он нахамил женщине. У него будто началось короткое замыкание, будто все импульсы проскакивали через него напрямую, минуя мозг. И он снова был не там, где должен быть, и со своей поломанной ногой он теперь туда не доберётся, и Пакс по-прежнему один.

Вола достала из буфета ведёрко и поставила в раковину.

— Философское бинго. — Похоже, она не так уж сильно обиделась. — Видишь ли, я пытаюсь разобраться со *своей* жизнью. А твоих ответов у меня нет.

— А у кого они есть? Только не говорите, что у моего отца, потому что вообще-то его самого сейчас нет.

*И потому что всё это — из-за него.* Питер сцепил зубы, чтобы не произнести эти слова вслух, и заставил себя дышать медленнее. Он не злится, нет. Просто он расстроен. И всякий бы расстроился на его месте. Чувствуя, что сейчас опять будут слёзы — да что с ним сегодня такое? — он прижал кулаки к глазам.

Вола, кажется, хотела к нему подойти, но передумала. Остановилась в стороне, около рабочего стола.

— Ты злишься, — сказала она просто, будто отметила, что у него тёмные волосы или что солнце скоро сядет.

— Нет, не злюсь. — Но он заставил себя разжать кулаки, потом отсчитал десять медленных вздохов — так он боролся, и у него получалось. Потому что он не хотел быть таким, как отец, у которого злость всегда наготове, всегда булькает на маленьком огне, вот-вот забурлит и забрызгает всех, кто рядом... И никакие извинения потом ничему не помогут.

Питер крепко сжал веки, чтобы удержать слёзы внутри.

— Я не злюсь. Просто не я всё это выбрал. Не я выбрал, чтобы была война. И чтобы мой отец на неё пошёл. И чтобы я ехал к деду. И уж точно не я выбрал бросить вот так моего лиса, о котором я заботился пять лет.

— Ты ребёнок. А у детей выбор невелик. Я бы тоже злилась. *Дьяблеман*. Ещё как.

— Я же сказал, я не злюсь! — Питеру удалось проглотить всхлип, но вместо него выскочил какой-то нехороший смешок. Опять короткое замыкание. — А вы, что ли, влюбились в это слово, да?

— Мальчик, ты о чём? В какое слово?

— Вот в это. *Дьяблеман*. Это ругательство? Втрескались в него по уши, ага! — Вся его проводка уже сгорела напрочь. — Если бы мы были во втором классе, все вокруг уже бы верещали про «тили-тили-тесто». И про «кто в кого влюбился, тот на том женился»!

Вола издала пронзительный звук, вроде клёкота.

— О, точно! Мне надо жениться на этом слове, *дьяблеман.* Опуститься перед ним на одно колено, которого нет, *дьяблеман,* и просить его руки!

— Ага! — подхватил Питер с истеричным смешком. — И колечко ему на палец надеть, *дьяблеман!* — Он провёл по лицу ладонью, будто стирая смех.

Вола подошла, села напротив.

— Мой дедушка ругался на своём родном языке. А бабушка терпеть этого не могла, она же не знала его языка. Но зато она пела по-итальянски, когда готовила, так что... — Вола подняла руку к шее, погладила пальцем перья на шнурке. — Во мне много всего перемешано, — тихо закончила она.

После этого она долго смотрела на Питера молча, не отпускала его взгляд. Питеру казалось, что в этом молчании они говорят друг другу что-то важное. Что-то про этот длинный, тёмный туннель, который всё сужается вокруг него.

— Я рассчитывал, что заберу Пакса через неделю. Ну, может, дней через десять. — Он уставился на свою ногу. — А теперь...

— Пакс — это его так зовут? А ты знаешь, что слово «пакс» значит «мир»?

Питер знал, ему сто раз об этом говорили.

— Но я не из-за этого его так назвал. В первый день, когда я принёс его домой, я вышел ненадолго — всего на одну минуту, чтобы найти, чем его покормить. А когда вернулся, никак не мог его отыскать — оказывается, он забрался в мой школьный рюкзак и уснул. На рюкзаке было вышито слово «Пакстон». Мне тогда было семь лет, и я решил: Пакстон — отличное имя, звучное. А теперь...

— Что — теперь?

— Теперь он остался один — из-за войны. И я его выпустил — тоже из-за войны. Вместо мира — война. Это как называется, ирония? Ну или по-другому, неважно. Но это имя звучит теперь... жутко. Может, он скоро погибнет из-за войны.

— Может, да, а может, нет. Сейчас весна. Еды должно быть достаточно.

Питер покачал головой.

— Лисы начинают учить своих щенков охотиться, когда им по восемь недель. А я нашёл Пакса, когда ему было всего недели две — так ветеринар сказал. Посадить перед ним десять мышей на блюдечках — он и то небось ни одной не поймает. Он питался одним только сухим кормом. Ну, иногда утаскивал у нас что-нибудь вкусненькое — я ему позволял...

— Что — вкусненькое? Может, он отыщет это в лесу?

Питер пожал плечами.

— Он обожает арахисовое масло. Хот-доги ещё любит. И яйца. Нет, он там будет голодать. Разве что кто-то приедет и устроит в лесу пикник. Надеюсь, что хоть воду он найдёт и тогда с неделю продержится без еды, но потом...

Питер уронил голову на руки.

— И я сам это допустил. Не я выбирал всё это, но я должен был бороться. А я не боролся. Не знаю почему.

Хотя он, конечно, знал. Когда его отец впервые объявил ему, как будет с Паксом, это был приказ, но Питер собрался с духом и сказал: «Нет. Ни за что». Тотчас в глазах его отца заискрил гнев, отцовский кулак дёрнулся вверх и остановился в какую-то последнюю долю секунды перед самым лицом Питера — Пакс, почуяв опасность, вскочил и грозно зарычал.

И тогда кулаки Питера тоже взлетели вверх, и захлестнувший его гнев на отца был так велик, что напугал его больше самой опасности.

Теперь в ушах у Питера стояли дедовы слова: *«Яблоко от яблони далеко не упадёт»*, — и от них становилось ещё хуже и ещё страшнее. Он опустил голову и стал разглядывать обшарпанную сосновую столешницу, чтобы спрятать позорное пятно, которое горело — он это чувствовал — на его лице.

Вола наклонилась вперёд и обхватила его голову ладонями. Питер оцепенел. После мамы к нему никто и никогда не прикасался. Изредка отец вместо похвалы мог похлопать его по плечу, или товарищ по команде — дружески ткнуть кулаком, но это было не в счёт. Вола подождала, словно понимала, что ему требуется время. Потом сильно сдавила его голову.

Это было странно и непонятно, но Питер не вырвался, не шевельнулся, даже не пикнул. Потому что в этот момент только её крепкие пальцы держали его, чтобы он не разлетелся на части.

— Ладно, проехали, — сказала она и поднялась. — Возможно, у меня нет для тебя ответов, но одну вещь, мальчик, я знаю совершенно точно. Тебе нужна еда — много еды. Тебе двенадцать лет, ты спал на улице, замёрз, и тебе надо, чтобы кость скорее срасталась. Так что я буду готовить, а ты будешь есть, и мы оба не остановимся, пока ты не скажешь: хватит. Ясно?

Живот Питера вдруг превратился в чёрную урчащую воронку.

— Ясно!

Но сначала Вола вытащила откуда-то из-под раковины мешок с гипсом. Питер следил, как она пересыпа́ла гипс в ведёрко, просеивая через сито, как подливала воду. Потом она принесла своё шитьё.

— Ногу вверх.

Она подложила под колено Питера подушку и надела на ногу длинную стёганую трубу — что-то среднее между рукавом и гетрой. Питер узнал клетчатую жёлтую ткань. Кинул взгляд в спальню, чтобы убедиться.

— Вы порезали своё стёганое покрывало?

— Ничего, сделаю другое. А твоей ноге сейчас нужны тепло и защита. — Она взяла ещё кусок покрывала, отодрала ватин, а жёлтый ситец разорвала на несколько длинных полос и погрузила в гипс. — Держи ступню под прямым углом.

Виток за витком: ступня, лодыжка и выше, до середины голени, — Вола наматывала полоски одну за другой. Получился толстенький гипсовый сапожок, и сверху она ещё обмазала его гипсом.

— Теперь не шевелись. И пальцами не шевели.

Она сходила на веранду и принесла оттуда много всего. Поставила на плиту две сковородки, плюхнула на каждую по куску масла и зажгла газ. Вылила в жёлтую посудину пару яиц, перемешала, добавила молоко, добавила кукурузную муку.

На Питера повеяло прохладой, пахну́ло вскопанной землёй и прогретым маслом. Он посмотрел на затвердевающий гипс. Нога, одетая в гипсовый сапожок и обёрнутая бывшим покрывалом Волы, теперь чувствовала себя в безопасности.

— Простите меня. За то, что я тут наговорил. — Он прислонился затылком к стене с карточками.

— Насчёт моего философского бинго, — заговорила Вола, кивнув на свою доску объявлений. — Понимаешь, Питер Без-битер, здесь всего лишь то, что я считаю истинным обо всём мире. То, что на все случаи жизни. А важно то, что я считаю истинным о себе. Мои личные истины. Но они хранятся у меня в другом месте.

— Почему?

— Почему важно или почему личные?

Питер пожал плечами. *И то и другое.* Он сидел, откинувшись назад, ждал.

Поглядывая на него, Вола отрезала шмат копчёного свиного окорока и выложила на одну из сковородок. Зачерпнула из жёлтой посудины три половника жидкого теста, по очереди вылила их на другую сковородку, отставила посудину.

— Расскажу тебе историю. Когда я вернулась со службы, я не помнила ничего о себе. Ни одной своей личной истины. Это такая специальная подготовка, когда из людей делают детали механизма — просто их удобнее использовать.

В первый день моей гражданской жизни я потерялась. Совсем. Ходила по супермаркету, разглядывала полки и не могла понять, для кого я сейчас собираюсь покупать какие-то продукты. Кто этот человек? Это женщина? Что она ест, когда голодна? Супы или пироги? Хлеб или бобы? В овощном отделе у меня началась истерика, потому что я не помнила о себе вообще ничего. — Вола замолчала, глаза её были закрыты.

— И что случилось?

— Что случилось.

— В супермаркете. Что случилось в супермаркете?

— В супермаркете. — Она перевернула лепёшки. — Арахисовое масло.

— *Случилось* арахисовое масло?

Вола воздела руки.

— Случилось, да! Случилось арахисовое масло. И мне повезло, что оно случилось. Потому что я упала, и сидела на полу в проходе — там был такой грязный линолеум в красно-белую клетку, век его не забуду, — и рыдала. Я знала одно: я не поднимусь с этого пола, пока не вспомню, *что* я любила есть.

Вола переложила лепёшки на синюю тарелку и застыла. Наверное, у неё перед глазами сейчас пол этого супермаркета, подумал Питер. Хорошо, что он никогда не видел ничего подобного — чтобы взрослая женщина сидела на грязном полу и рыдала. Странная взрослая женщина с одной ногой. Ему вдруг захотелось её защитить, он надеялся, что никто над ней не смеялся и всё тогда кончилось благополучно.

— И?..

— Да. И я в конце концов вспомнила. Я вспомнила, что мне когда-то рассказывала бабушка: как однажды я попробовала бутерброд с арахисовым маслом, а потом требовала себе по такому же бутерброду каждый день. И я поднялась с пола и взяла с полки арахисовое масло и хлеб. Загрузила целую тележку арахисовым маслом и хлебом. Потому что я уже решила: не вернусь в магазин, пока не узнаю про себя что-то ещё — *что ещё* я любила есть. А это могло произойти очень нескоро. — Она выложила на тарелку мясо, добавила ложку яблочного пюре и принесла ему тарелку вместе с белым кувшинчиком кленового сиропа: — Ешь.

Питер залил всю тарелку сиропом и приступил к делу. Кукурузные крупинки чуть похрустывали на зубах. Мясо было нежное, солоноватое, сироп сладкий. Питер в жизни не ел ничего вкуснее.

— И как оно произошло? — спросил он, умяв полтарелки. — Скоро или нескоро?

Вола нажала пальцем на твердеющий гипс.

— Уже почти. Но терпи, не шевелись пока. — Она вернулась к плите, и отрезала ещё шмат окорока, и вылила на сковородку ещё три половника. — Нескоро. Мне тогда объяснили, что это называется ПТСР — посттравматическое стрессовое расстройство, вызванное участием в военных действиях. И они были правы в том, что я была больна. Но я-то знала, что дело не в войне, не только в войне. А в том, что на войне я забыла всё, что я знала о себе самой, все мои истины. Посттравматическое стрессовое забывательное-о-себе расстройство, вот что у меня было.

Мой дедушка в то время был уже в лечебнице для престарелых, он умирал. Я поехала к нему домой — когда-то это был и мой дом, я в детстве несколько лет жила у бабушки с дедушкой, — там надо было прибраться.

Был конец лета. Сад стоял весь заросший, неухоженный, но на ветках ещё осталось несколько персиков. И тут опять кое-что случилось, мне второй раз повезло — второй раз после арахисового масла. Потому что я вдруг вспомнила: боже, как же я любила эти персики! Ради этих персиков я тайком выбиралась ночью из дому, срывала их в темноте, а потом падала прямо в траву под деревьями и лежала там, а кругом вспыхивали светляки, звенели кузнечики, на животе у меня громоздилась гора персиков, и я их ела, ела, и сок тёк мне в уши.

Я это так ясно вспомнила: и запах, и вкус, и все звуки. Но я совершенно не понимала, как, каким образом вот та девочка могла оказаться тем же самым человеком, который надел форму, взял винтовку и делал то, что делала я на войне. Тогда я дотянулась до ветки, сорвала персик, легла на траву, откусила и... это произошло. Я получила ещё частичку истинного знания о самой себе.

Она подошла со сковородкой и сгрузила на пустую тарелку Питера ещё три лепёшки и кусок жареного мяса.

— Хватит, — сказал Питер.

— Хватит? Но это и так уже конец истории.

— Я хотел сказать, хватит еды, больше не надо готовить. Спасибо! — Питер опять пожалел, что под столом нет его лиса, и опять подумал: а Пакс голоден. Но потом откуда-то вдруг появилось странное ощущение, что нет — во всяком случае, сегодня, сейчас, у Пакса в брюхе не пусто. — И что дальше? Вы выздоровели?

Вола отнесла сковородку в раковину, вернулась к столу и села напротив.

— Что человек любит есть? Это мелочь, деталь. Но я потерялась, и мне нужно было выяснить всё о себе, все свои истины. От маленьких до самых больших: во что я верю внутри, в своём сердце?

Питеру показалось, что он знает.

— Раньше — в войну. А теперь вы против войны, да?

Вола сложила ладони вместе, кончики пальцев под подбородком.

— Это сложно. Вопрос *«кто я?»* и нужен для того, чтобы сказать об этом правду. О цене, которую надо заплатить. Люди должны говорить правду о том, сколько стоит война. У меня ушло много времени на то, чтобы это понять. — Она откинулась на спинку стула. — И это было только начало. А мне надо было узнавать заново всё, что для меня истинно, а что ложно. Но никак не получалось — кругом было шумно, громко, я не слышала саму себя. Тогда я переехала в дедушкин дом. Решила пожить там до тех пор, пока опять не пойму, кто я.

Питер посмотрел на банку с персиками на верхней полке, вспомнил цветущие деревья в саду.

— И вы всё ещё здесь, — сказал он. — Это же и есть тот дом, да?

# 15

Солнце горело сквозь утренний туман. Два лиса двигались час, потом ещё час, но Серый шёл медленно, часто отдыхал, из-за этого они ещё только приближались к днищу долины. Пакс старался не отбегать от старого лиса, почтительно трусил рядом, но иногда он вдруг срывался с места и, ликуя, летел на полной скорости несколько восхитительных минут, чтобы, описав широкий круг по траве, вернуться на своё место.

Раньше он никогда не бегал по-настоящему, мог разве что пронестись из конца в конец двора или обежать свою загородку. Но сегодняшний бег — это было совсем другое: упругие овальные лапы, уже зажившие, несли его, едва касаясь земли, он всё набирал и набирал скорость, и кругом были луга.

Вчерашняя еда прочистила чувства Пакса и дала энергию мышцам, но от яиц в брюхе уже ничего не осталось, и теперь вместе с запахами прогревающейся долины внутри у лиса рос голод. Еда будет там, где люди. *Далеко ещё?*

*Два дня пути. Сначала это место.* Серый описал: старые каменные стены, слабый запах пеньки и смолы, рядом река. *Доберёмся до темноты. Оттуда ещё день пути до людских поселений.*

Пакс не помнил никаких людских поселений. Не помнил реки. Он помнил свой дом, особенно дверь. Помнил несколько больших дубов вокруг дома, помнил заросшие цветочные клумбы, куда его никогда не пускали, и звуки дороги. Чутьё говорило ему, что вдоль дороги жили ещё люди, другие, но он никогда с ними не сталкивался. И все эти воспоминания уже стирались, он уже даже не помнил, как выглядела луна сквозь прутья его загородки.

Но он помнил своего мальчика. Его карие глаза со странными — круглыми — зрачками; когда Питер был чем-то очень доволен, он их закрывал, и откидывал голову, и издавал звук, немного похожий на лай. И его солёную шею, которая пахла то потом, то мылом. И руки, которые всегда двигались и пахли иногда шоколадом — Пакс очень это любил, — а иногда кожей перчаток — это был отвратительный запах.

Пока два лиса трусили рядом, Пакс размышлял над загадкой другого запаха мальчика, спрятанного под всеми остальными, — запаха горя или боли. Он сочился из глубокой тоски о чём-то, чего Пакс не мог постичь, как ни старался.

Иногда этот горький тоскливый запах был так силён, что заглушал всё остальное в комнате мальчика, но его мальчик почему-то не вставал и не пытался добыть то, о чём он так тоскует. Когда Пакс ловил этот запах, то, где бы он ни был, спешил к своему мальчику и всегда находил его в комнате, на кровати: Питер держал в руках те вещи, что хранились у него в нижнем ящике комода, и лицо у него было твёрдое, будто сжатое. Пакс совал нос в рукав его рубашки или начинал взбираться по занавеске, а потом делал вид, что у него когти соскользнули, и шлёпался на пол — всё что угодно, только бы втянуть мальчика в игру. Но когда этот запах горечи и тоски был особенно силён, никакие уловки не срабатывали. В такие дни Питер шикал на Пакса, выгонял его из комнаты и захлопывал дверь.

Пакс вспомнил об этом, и ему захотелось бежать как можно скорее, не ради удовольствия. *Война, которая движется сюда: ты уверен, что она погубит всё на своем пути? Даже детёнышей?*

*Всех. Всё.*

Пакс подтолкнул Серого носом, уважительно, но настойчиво. Надо спешить. Старый лис повернул голову, посмотрел на молодого. Потом прибавил шагу, перешёл на рысь. Вместе они пересекли болотистое дно долины и по противоположному склону, скалистому и крутому, стали взбираться наверх, на этот раз рядом, плечом к плечу.

Одолев подъём, они остановились. Серый тяжело дышал. Впереди высились сосны, обещая живительную тень и прохладу. Но теперь со всех сторон их окружали предупреждающие метки: на этой территории охотился чужак — соперник Серого; в метках слышалась неприкрытая угроза. И почти сразу земля донесла до них лёгкий дробный перестук лисьих лап; звуки приближались. Серый и Пакс едва успели подготовиться — рыже-бурый лис, грозно рыча и молотя хвостом, выскочил прямо на них из кустов.

Пакс отпрянул, Серый же продолжал спокойно двигаться вперёд, но сделался будто ниже и меньше — это был знак ненападения. *Мы просто идём мимо.*

Чужак проигнорировал мирное приветствие. Прыгнув сбоку, он сбил старого лиса с ног, прижал к земле и вгрызся зубами в тонкую шею.

Когда Серый завизжал от боли, сердце у Пакса забилось чаще, остевые волосы встали. Мышцы задрожали от ярости, какая охватывала его лишь однажды — в самом начале его жизни с людьми, когда отец поднял руку на мальчика: Пакс промчался через всю комнату и без колебаний вонзил острые щенячьи клыки сквозь штанину в ногу человека. И сейчас, в точности как тогда, его спина выгнулась дугой, и откуда-то из глубины поднялся глухой рык.

Чужак удивлённо развернулся, и Пакс ринулся прямо на него. Два лиса покатились по земле, их зубы искали нежное ухо врага, когти задних лап раздирали мягкое брюхо. Бурый лис был опытнее, но Пакса подстёгивал инстинкт, который сейчас приказывал ему защитить Серого. Когда его клыки добрались до горла чужака, тот вывернулся и отскочил, скуля.

Пакс отпрыгнул в сторону, встал перед Серым, заслонил его, как когда-то давно заслонял своего мальчика, выпятил грудь, прорычал грозное предупреждение. Чужак сбежал.

Отряхнувшись от крови, сочившейся из десятка неглубоких царапин, Пакс подошёл к Серому и принялся вылизывать его рану. Прокус был глубок, и он предложил Серому вернуться домой.

*Нет. Вперёд.*

* * *

Около часа они брели по солнечному лесу. Серый шёл тяжело. Пакс не обгонял его, сдерживался, рад был уже тому, что они хоть как-то движутся. Но когда на голые ветки ореха пекана опустилась стая ворон, Серый вернулся по своим следам назад, сел под деревом и навострил уши, вслушиваясь в перекрикивание наверху.

Пакс ждал, хотя терпения почти не осталось. Старый лис тявкнул — позвал его. *Война идёт.*

*Откуда ты знаешь?*

*Вороны. Слушай.*

Пакс задрал голову. Прилетели ещё несколько ворон, с карканьем спланировали на нижние ветки, но тут же снова замахали крыльями и, кружась, взлетели выше — маленький смерч беды. *Они удручены.*

Вороны хохлились, топорщили перья, вертели головами и каркали. От их выкриков Паксу стало не по себе. *Нарушился порядок.*

Он стал слушать, сосредоточился. И то, что он уловил, встревожило его. Он понял это так: воздух задыхается от смерти. Огонь и дым. Кровь течёт по земле. Кровь стекает в реку, река краснеет от крови. Всё гибнет. *Древесные волокна внутри стволов, облака, даже воздух, всё.*

*Да. Война. Где?*

Пакс снова сосредоточился, настроился. *На западе. Далеко, но уже ближе. Больные войной движутся с юга. Маленькая группка. Они идут ей навстречу.*

С юга.

Пока Серый поднимался на ноги, Пакс метался, не мог стоять на месте. Он снова говорил, что пойдёт один, предлагал Серому вернуться домой, старый лис снова отказался. И они пошли дальше вместе, но по-прежнему двигались медленнее, чем хотелось Паксу. Останавливались только затем, чтобы подкрепиться ягодами или личинками, и Пакс всякий раз пытался уловить в воздухе хотя бы след запаха своего мальчика, хотя бы отзвук его голоса. Не было ни того, ни другого.

Пакс поднял морду и залаял. Лаял долго, на одной ноте.

Он так давно не видел своего мальчика. Раньше они расставались лишь на полдня. Часто Питер уходил утром, а Пакс бегал взад-вперёд по своей загородке, тревога его росла, и только когда во второй половине дня Питер возвращался, пахнущий другими человеческими детёнышами и странным дыханием большого жёлтого автобуса, привозившего его домой, и когда Пакс убеждался, что с его мальчиком всё в порядке, нет ни ран, ни ушибов, — только после этого он успокаивался и мог играть.

Утро прошло, был уже день. Пакс снова залаял, на этот раз ему потерянно вторил Серый. Но, когда Пакс собрался вернуться на тропу и бежать дальше, старый лис дрогнул.

Пакс и сам видел, что Серому нужен отдых, он ведь ранен. И Пакс повёл старого лиса к большой сосне, где были тень, прохлада и мох. Серый уложил морду на лапы и уснул даже раньше, чем Пакс закончил вылизывать его рану.

Охраняя его сон, Пакс грезил о том, как он находит своего мальчика и как они вместе делают то, что любят больше всего: бегают и кувыркаются, играют в охоту, обследуют заросший травой двор и край леса за ним. И как его мальчик вознаграждает своего лиса: как радостно улыбается; как почёсывает его шею, и пальцы пробираются сквозь шерсть уверенно и твёрдо, ровно как надо. Потом лис вспоминал, как мирно он лежал у ног своего мальчика, когда в комнате горел огонь.

От этих мыслей Пакс успокоился и задремал. Теперь ему чудилось, как Питер водит костяшками пальцев по его спине между лопатками, и кожа на спине ездит туда-сюда — у Пакса даже шерсть взъерошилась, так ясно он себе это представлял. Но тут лёгкий ветерок, всё время менявший направление, донёс до него запах, от которого дрёма тотчас слетела.

Мясо. Жареное мясо. Его люди иногда разводили во дворе огонь и готовили такое же. Мальчик скармливал своему лису кусочки, они сочились жиром. Пакс потом по нескольку дней рылся в золе, проверял, не осталась ли случайно хоть крошка, хоть косточка — пусть обгорелая, но всё равно драгоценная.

Пакс вскочил на лапы и глубже втянул в себя воздух. Да, жареное мясо. Он толкнул носом спящего Серого. *Люди близко*.

Отдых вернул Серому силы, и два лиса теперь бежали спокойным размашистым шагом. Но наконец Пакс не выдержал и вырвался вперёд. За те несколько голодных дней весь жир, какой в нём был, сгорел, тело стало лёгким, узким. Он бежал, как и должны бегать лисы — от скорости рябь пробегала по его меху. Радость этого бега, беспокойство о ночлеге, надежда на встречу с мальчиком — всё это превращало Пакса в другое существо, неподвластное силе тяжести, в жидкий огонь меж древесных стволов. Пакс готов был бежать так не останавливаясь, всегда.

Но лес внезапно кончился, впереди лежала широкая река. За рекой было открытое пространство — поле, сначала оно было ровное, потом поднималось круто вверх, и там, наверху, высились толстые крошащиеся стены. В сумерках был хорошо виден горевший возле стены костёр, с десяток людей расселись вокруг костра и ели. В стороне от развалин стояли палатки и несколько больших машин.

Ветер теперь дул к востоку. Дымок, пропитанный подгорелым мясом, ещё крепко висел в воздухе, но людские запахи перемешались, их было не различить. Пакс тревожно метался по берегу, отбегал и снова возвращался, но не смог поймать ни одного отдельного человеческого запаха.

Впрочем, он и так видел, что его мальчика здесь нет: ни один из этих людей не походил по форме на тростник, ни один не двигался так резко и быстро, как его мальчик, не держался как он — прямо, но наклонив голову вниз. Пакс почувствовал облегчение, потому что остальные запахи, доносившиеся от лагеря: запахи дыма, солярового масла, палёного металла, тёмный и странный электрический запах, — совсем не нравились лису, он постарался бы увести Питера от них подальше.

Из леса, прихрамывая, вышел Серый, встал рядом с Паксом. Теперь они наблюдали вдвоём. Люди закончили есть, но оставались у огня, говорили, смеялись.

*Они больны войной?* Пакс хотел понять.

*Сейчас нет. Сейчас они мирные. Я помню такой мир. Я видел.*

Старый лис лёг, подвернув под себя передние лапы. *В конце дня люди, с которыми я жил, тоже собирались вместе.*

Пакс внезапно вспомнил: он тоже видел. В последние годы уже нет, но раньше по вечерам, иногда, его люди садились рядом в комнате мальчика. Отец держал на коленях твёрдое, плоское, тонкое, сделанное из многих слоёв бумаги — такой же, как в подстилке у Пакса, только не разорванной на клочки. Его люди вдвоём разглядывали эту бумагу, слой за слоем. В такие вечера они были связаны друг с другом сильнее всего — Пакс это помнил, потому что, когда меж его людьми было согласие, он мог ослабить свой караул.

Сейчас у Пакса появилось новое странное ощущение — будто его грудная клетка стала мала для его сердца.

Лисы снова замерли, вглядываясь. Несколько человек на том берегу ещё сидели у огня, другие с фонариками отошли к машинам и палаткам. Когда совсем стемнело, поднялись и остальные. Они выплеснули кофе из кружек, затоптали пламя и разошлись по палаткам.

Серый тоже встал, дохромал до холмика, где росла большая тсуга, и заполз под нижнюю разлапистую ветку. Покрутившись несколько раз, он свернулся на хвойной подстилке и укрыл нос хвостом.

Но Пакс не смог бы сейчас уснуть, он был слишком голоден, а из-за реки пахло жареным мясом. Он подбежал к воде. Течение было спокойное, ровное. Лис опустил морду, напился и перепрыгнул на замшелый камень, окружённый водой. Камень был скользкий, но стоял крепко. Догорающие угольки не отпускали взгляд лиса. И он решился. Прыжок, всплеск — и тело Пакса легко справилось с задачей, которой оно не ведало раньше, но было готово к ней всегда: он поплыл. Выбравшись на другом берегу реки, он отряхнулся.

Палатки стояли неподвижно, от них не доносилось ни звука. Пакс крадучись перебежал поле и легко поднялся по крутому склону. Покружил вокруг лагеря, подбираясь всё ближе к кострищу.

Сильное чувство опасности держало его в напряжении, хотелось развернуться и бежать прочь. В конце концов, из всех людей он знал только двоих: того, которого любил, и того, которого терпел. Несколько раз он подкрадывался к самому кострищу, но в нем запах мяса смешивался с предостерегающими запахами больных войной, и лис отбегал подальше.

Но лежавшая с краю свиная косточка с остатками мяса так благоухала жиром, что Пакс больше не мог противиться соблазну. Он метнулся к кострищу. Когда он торопливо заглатывал мясо, смешанное с золой, но ещё тёплое, рядом зашуршал брезент. Пакс застыл.

Из палатки появился человек. В свете фонарика был виден только его силуэт; длинная тень легла на притаившегося лиса. Вышедший потянулся, отвернулся и стал мочиться на соседний куст. Когда запах мочи долетел до Пакса, шерсть на его загривке встала.

Это был отец его мальчика.

— На сегодня хватит.

Эти слова Волы, как и её рука на плече Питера, принесли ему долгожданное облегчение. Стопа пульсировала, плечи ныли, подмышки были стёрты в кровь. Два дня «учебки имени Волы» — так он втайне окрестил эти истязания — вконец его вымотали: он карабкался на костылях в гору, полз по каменистой земле, упираясь локтями и подтягиваясь, и перекидывал гигантские охапки сена, балансируя на одной ноге. Когда он развернулся, чтобы возвращаться, ему показалось, что дом бесконечно далеко, и он усомнился, что вообще добредёт в такую даль.

Но вершины хребта были затянуты тучами. Приближалась ночь. Он подумал о Паксе, промокшем и замёрзшем.

— Я мог бы ещё ходить и ходить.

— Нет. Если перестараешься, все твои труды пойдут насмарку.

Питер кивнул и сделал шаг в направлении дома.

Но Вола покачала головой.

— Не спеши. — Она указала на сарай. — Третье условие.

До сарая, казалось, не дойти вовеки. Питер опять посмотрел на дом. У него была только одна мечта: рухнуть в этот её гамак. Он демонстративно всадил костыли в грунт.

— И что за третье условие?

— Ничего особенного. Будешь управлять марионетками. Не перетрудишься.

— Марионетками? В каком смысле?

— Ты знаешь, что такое марионетки?

— Конечно. — Он вспомнил тех единственных кукол-марионеток, которых видел вблизи, в ярмарочном балагане, когда был маленький:

Панча и Джуди. Они были с длинными подбородками и острыми носами, с мёртвыми глазами и тощие, как голодные крысы. Кукольник гонял их по сцене резкими, судорожными рывками, от которых Питеру потом несколько недель снились кошмары. — Это куклы такие. И что?

Вола несколько секунд разглядывала его. Потом ответила:

— Это ещё одна истина обо мне: я вспомнила, что подростком делала марионеток для моих племяшек. Вспомнила, как любила резать по дереву. — Она сдёрнула с лямки своего комбинезона ещё пару бандан и со вздохом протянула ему. — На, обмотай подручники. Ты всё ещё висишь на подмышках. Переноси вес тела на ладони, ребёнок. И распределяй по всей длине руки, даже когда просто стоишь.

От её внезапной нежности Питеру всякий раз становилось не по себе. То она рявкает на него, чтобы подтянулся дюжину раз, или выстреливает ему пальцами в лицо — мол, не вздумай ко мне приближаться. Это было понятно и удобно. Как дома. Но в следующую минуту она уже втирает в его ноющие плечи свою мазь, или наждаком ошкуривает костыли, чтобы не было заноз, или бросает свои дела, чтобы приготовить ему кружку какао, и он осознаёт, сколько сил у неё уходит на то, чтобы снова сделать его сильным и ходячим, и его охватывает чувство вины.

Вот и теперь, обматывая мягкой тканью подручники костылей, он почувствовал себя виноватым и сказал, чтобы сделать ей приятное:

— Ваши племяшки, наверное, были в восторге?

На самом деле он в этом сомневался. Эти её племянницы небось выкидывали крысокостлявых мертвоглазых кукол в мусорное ведро. Сразу же, не дожидаясь ночных кошмаров.

Вола пожала плечами, но Питер видел, что она втайне рада его словам, и чувство вины ослабло. Он перенёс вес тела на пылающие натруженные ладони и последовал за ней к сараю. Помедлил на пороге, чтобы втянуть в себя прохладный воздух — он отдавал древесиной, и сеном, и льняным маслом, и олифой. Хорошие запахи, думал Питер, распознавая их один за другим. И по отдельности хорошие, и все вместе. Вместе ещё лучше.

Он запрыгнул в сарай. Вола прошла к той стене, что была прикрыта мешковиной. Питер замешкался. Это была та самая стена, так напугавшая его в первый день. Вола откинула мешковину в сторону, и он чуть не потерял равновесие, как будто увиденное нанесло ему удар — в самом прямом смысле. Марионетки, висевшие на стене, были до жути реалистичны и при этом не похожи ни на что из того, что ему доводилось видеть прежде.

Он шагнул ближе и наконец обрёл дар речи:

— Глаза у них...

— Это бабушкины драгоценности. У неё было длинное чёрное гагатовое ожерелье. Вот я и сделала зрачки из этих гагатов. Гагаты блестят на свету, и мои куклы с ними как живые.

Питер снова замолчал, и Вола не мешала ему рассматривать её творения.

Пятеро из них были люди: король и королева, ребёнок, пират не то моряк и чародейка; остальные — звери. Головы у всех были деревянные, почти в натуральную величину и с гигантскими глазами, туловища — из самых разных материалов. Панцирь черепахи был изготовлен из оранжево-зелёной тыквы-горлянки. Змеиная чешуя — из прицветников сосновых шишек. И перья, перья. Почти у всех кукол было что-нибудь из перьев: волосы и головные уборы, или мантии, или штаны. Рядом с каждой марионеткой на гвоздиках были аккуратно подвешены наборы из палочек и крестовинок, скреплённых тонкой чёрной проволокой.

В самом центре стены, накрытая отдельным куском ткани, висела, наверное, самая большая марионетка. Вола убрала ткань, и Питер ахнул.

Это была колоссальная птица с величественными крыльями размахом в добрых пять футов. Сотни тёмных перьев лежали идеальными рядами, один ряд заходил на другой, кончики были выкрашены красным, словно их лизнуло пламя. Вола сняла птицу со стены и передала Питеру.

— Почти все куклы состоят только из головы и плеч, но эта должна летать. Я сделала ей локтевой сустав. Когда она парит, прямо чувствуешь ветер. Вот потрогай.

Питер протянул руку. Кончиками пальцев погладил покрытое перьями глянцевое плечо, потом острый деревянный клюв, выкрашенный в ярко-золотой цвет. Огромные птичьи глаза блеснули чёрными гагатовыми зрачками. Он опустил руку.

— Но при чём тут я? Что мне со всем этим делать?

Вола показала на тюки сена.

— Для начала сядь. Слушать придётся долго, я начну с самого начала.

Питер облегчённо опустился на тюк. Он наблюдал, как Вола возвращает гигантскую птицу на место. Из ниши в стене она достала маленькую книжицу и, бережно держа её в ладонях, подошла и села рядом с Питером.

— Я убила человека.

Она подняла на него взгляд. Питер не успел скрыть свой ужас.

Она шумно, с отвращением вздохнула.

— *Дьяблеман!* Какую бы ерунду они тебе ни впаривали насчёт приобретения специальности и раскрытия твоего потенциала, ты идёшь на войну, чтобы убивать людей. Убивать или быть убитым — таков контракт.

Вот и неправда, подумал он. Взять хотя бы отца. Когда Питер допытывался: «Ты же не будешь там воевать по-настоящему, правда?» — отец смеялся и отвечал, что нет, он будет делать, в общем-то, то же, что и в мирной жизни: прокладывать проводку.

Но он не стал поправлять Волу, потому что вид у неё был сокрушённый.

— Вы убили человека.

— Может, и не одного, может, многих — или, по крайней мере, внесла свой вклад в их убийство. Но этот человек... его я видела. После того как убила. Я должна была обыскать тело. Нас учили искать оружие, любое, всё, что могло сгодиться.

Я опустилась на колени. Мне пришлось к нему прикасаться, чтоб обыскать. Помню своё потрясение от того, каким он оказался на ощупь. Я хоть и была медиком, но, видимо, в глубине души ожидала, что он окажется ненастоящим, пластмассовым. Нас так учили думать о враге. На учениях. Но он, конечно, был... он был тёплым. Тогда было холодно, и он быстро остывал. Как будто из него испарялась жизнь. И я трогала его без разрешения. Я его убила, но волновало меня то, что он лишился права соглашаться или не соглашаться на мои прикосновения. Думаешь, я сумасшедшая, да?

У Питера пересохло во рту. Он не знал, что ответить. Но внезапно вспомнил психотерапевта с добрыми глазами и понял, что нужно сказать.

— Должно быть, тяжко вам пришлось.

Вола посмотрела на него взглядом, в котором смешались удивление и облегчение, и кивнула.

— И мне вдруг отчаянно захотелось узнать, кто он. Откуда родом, что он любил, кто любил его. Рот у него был открыт, как будто он хотел заговорить со мной. И тогда я поняла: хоть он и мужчина, хоть и другого цвета кожи, хоть и вырос в другой стране — может быть, мы с ним были очень похожи. И это сходство гораздо важнее, чем то, в каких армиях мы служили. Двое, но не двое. Но я его убила, и уже никогда не узнать... Так что я обыскала его тело — но искала не оружие, а что-то, что подсказало бы мне, кто он. Кем он был.

Вола замолчала. На лице у неё было написано такое страдание, что Питеру захотелось отвернуться.

— И?..

— И вот. — Вола подняла книгу повыше. — «Семь путешествий Синдбада». Это арабские сказки, из «Тысячи и одной ночи». Я нашла эту книгу у него в кармане. Он взял её с собой на войну, стало быть, она что-то для него значила. Старая, потрёпанная — похоже, он с ней с детства не расставался. Может, он надеялся, что она придаст ему храбрости — ведь Синдбад был храбрецом. А может, просто хотел всегда помнить о том, что когда-то он был маленьким мальчиком, и читал книжки, и ему было спокойно и уютно. На одной странице была закладка: это была сказка о том, как Синдбад спасся из гнезда птицы Рух. И я подумала: должно быть, эта сказка помогала ему верить, что в один прекрасный день он тоже спасётся. И вернётся домой.

Вола встала и опять сняла со стены крылатую марионетку.

— Вот птица Рух. В своих когтях она может унести слона. Посмотри на неё.

Она поднесла куклу ближе к Питеру и повернула её клюв так, чтобы птица смотрела прямо ему в лицо.

Птичий взгляд был таким свирепым, что Питер отшатнулся.

— Но мне-то что с этим делать? — спросил он снова.

— Эта книга была так важна тому солдату, что он взял её с собой на войну. И я решила: раз я отняла у него жизнь, теперь я кое-что ему должна. Я должна рассказать эту историю, которая так много для него значила. Я вы́резала всех этих кукол и сыграла с ними спектакль о том, как Синдбад вырвался из гнезда птицы Рух. И потом играла его здесь, в этом сарае, почти двадцать лет. — Вола передала крестовину и палочки Питеру. — А теперь я наконец-то хочу его посмотреть.

# 17

Пакс наблюдал, как Серый лакает воду на краю реки, потом хромает обратно. Вот уже два дня лисы отдыхали тут, напротив лагеря больных войной, но Серый всё не поправлялся. Доковыляв до холмика, старый лис забрался под нижнюю ветку тсуги и свалился без сил в её пряной тени. Взгляд его был пустым и стеклянным, и он лишь слабо вздрогнул, когда Пакс снова стал лизать ему шею — чистить рану.

Рана, обнаружил Пакс, воспалилась ещё сильнее. *Не выходи из укрытия. Отдыхай.*

Он оставил Серого и двинулся вверх по течению к тому месту, которое нашёл раньше, —

где река, сужаясь, втекала в узкое ущелье, а густой подлесок мог укрыть лиса от людских глаз. С охотой ему не везло по-прежнему: место кишело мышами и кроликами, но они резво разбегались при его неуклюжих попытках кого-нибудь изловить. Не считая жуков и недозрелых ягод, ему досталась только пара речных раков, от которых Серый отказался.

Пакс не сдавался целых полчаса: он гонялся за суетливыми полёвками и порхающими крапивниками, а один раз чуть не поймал гревшуюся на солнце лягушку. Но всякий раз, когда он выпрыгивал из засады, челюсти хватали лишь пустой воздух, и с каждой неудачной попыткой он становился всё голоднее. Он хотел мяса — для себя и для слабеющего товарища. Дразнящие запахи из лагеря мучили его.

Он прыгнул в воду. Течение здесь было быстрое, но посреди реки, прислонившись один к другому, торчали три валуна, на которых можно было удобно устроиться. Оттуда, если смотреть вниз по течению, хорошо просматривался лагерь.

Людей стало больше. Появилось несколько женщин, но большинство составляли мужчины. Пакс постоянно проверял, нет ли там его мальчика, потому что отец мальчика всё ещё был там и потому что он, Пакс, чувствовал, что дом недалеко, — но в лагерь прибывали только взрослые.

Многие из них сейчас были в поле. Некоторые разматывали провода у берега, прямо напротив Серого, отчего Пакс тревожился. Но солдат, похоже, ничто, кроме их работы, не интересовало.

Пакс уже выучил их дневной распорядок. Каждое утро двое входили в палатку, в которой, как подсказывало лису чутьё, хранилось съестное. Потом эти двое готовили еду на огне, и остальные больные войной собирались вместе и ели. Потом они все занимались тяжёлой работой — в поле, в машинах, разгружали всё новые и новые ящики, — но к этой палатке никто больше не приближался до самых сумерек, когда те же двое готовили вечернюю еду и потом звали остальных.

Сейчас была середина дня. Пакс выждал ещё немного, чтобы убедиться, что больные войной заняты своими делами, затем по упавшему дереву перебежал над бурным потоком на другой берег. Низко крадясь, он забрался на гребень холма, откуда хорошо были видны развалины фабрики.

Наверху он задержался, чтобы оглядеться. В лагере прямо под ним было трое солдат. Они сгрудились над новыми ящиками с южной стороны развалин, на углу, где сходились две стены.

Остальные люди были в поле. Одни катили катушки с проводами к ямам, которые вырыли на берегу. Другие опускали в эти ямы ящики, потом брались за лопаты и засыпали ямы землёй.

Четверо солдат пересекли реку и теперь рыли ямы на другом берегу — прямо под тсугой, где отдыхал Серый. Пакс знал, что люди не учуют Серого и что Серый не осмелится выйти, пока они близко. И всё же шерсть у него встала дыбом от беспокойства. Вечером он переведёт раненого лиса в другое место, не такое опасное.

Пакс метнулся к северной части развалин, туда, где были палатки и машины. Там из-под каменной стены наклонно росла берёза.

Пакс замер.

Он был здесь раньше. Он всё это узнал: это дерево с облупившейся белой корой, эти стены, это поле внизу, пахнущее черемшой, и колосихой, и немного дёгтем. Он был здесь со своим мальчиком. Давным-давно, ещё щенком.

Он ясно вспомнил. Палки. Питер и ещё трое мальчиков гонялись друг за другом у этих каменных стен, крича и размахивая палками. Они смеялись, но из-за мелькающих в воздухе палок Паксу было не по себе. Он по пятам следовал за Питером и тявкал на других мальчиков, когда они подходили слишком близко, пока Питер не привязал его к этому самому дереву, и остаток дня Пакс скулил и грыз верёвку.

Питер бывал здесь! Пакс внимательно обнюхал дерево и нижнюю часть стены, но теперь тут не было и следа его мальчика. Зато больные войной — их запах был повсюду, сильный и опасный. У Пакса скрутило кишки.

Он долго всматривался в палатки, пока не убедился, что нигде нет ни малейшего шевеления. Потом бросился к палатке-кладовой. У её края он помедлил, ещё раз убедился, что никого нет, и скользнул под полог.

Внутри были столы, заваленные картошкой и луком, а над столами висело мясо — вот нежданная удача. Пакс взмыл вверх, в прыжке цапнул копчёный окорок, сорвал его с крюка и бросился из палатки, таща в зубах увесистую добычу.

Он взлетел на холм и прямо сквозь кустарник помчался по его гребню в сторону реки. Сбежав к воде, он выпустил окорок из зубов и быстро заглотил кусок солёного мяса. Потом он разорвал добычу на части, прикопал два больших куска в песке на берегу и пометил оба тайника. Подхватил оставшийся кус, сочный и жирный, — Серый продержится на нём несколько дней — и поволок его по упавшему дереву.

На трёх валунах он задержался, чтобы ещё раз окинуть взглядом лагерь.

Люди исчезли. В воздухе висел новый запах, слабый, но опасный. Пакс его узнал. Когда он был годовалым щенком, отец его мальчика принёс в комнату сына вентилятор. Пакс ненавидел тёмный электрический запах, исходивший от провода между вентилятором и стеной. Однажды ночью, когда запах сделался особенно зловещим, Пакс перегрыз провод — как будто змею убил.

Все инстинкты Пакса велели ему бежать прочь от этого грозного запаха, но он не мог уйти без Серого. И тут он увидел, как старый лис, пошатываясь, выбирается из-под ветви тсуги и направляется к реке.

Серый споткнулся. Электрический запах с шипением устремился вверх, как молния, но не с неба, а из земли, и в ту же секунду берег взорвался. Песок, и камни, и река, и торф с яростным рёвом взлетели в воздух и обрушились на изрытую ямами землю страшным чёрным дождём.

Пакс бросил ветчину и стал звать Серого. Внезапная тишина вызывала дрожь и звон в ушах.

Больные войной высыпали из-за стен. По их крикам Пакс понял, что они возбуждены и, кажется, довольны. Они пробежали по полю, с плеском пересекли реку и рассыпались по дымящемуся берегу. После кратких поисков они потянулись обратно в лагерь.

Когда последний из людей удалился, Пакс метнулся из ущелья.

Поперёк груди у Серого лежала огромная ветвь тсуги, отколовшаяся от дерева. Пакс ткнулся носом в грязную щёку друга, потрогал лапой бок. Обнюхал морду. Серый дышал, но еле-еле.

Пакс лёг и крепко прижался плечом к плечу старого лиса. Он мог только быть рядом, ничего больше, но ничего другого и не требовалось.

Соединённый с последними воспоминаниями Серого, он слышал не крики больных войной, а песню северной птицы. Вместо пепельной дымки, что висела над ними, он вместе с Серым видел бескрайнюю синюю чашу неба. Он не лежал на искорёженной взрывами земле, а вместе с Серым — ещё щенком — и его братьями бежал по тундре, где из-под снега пробивались синие цветы, точно звёзды. Он, новорождённый, вместе с Серым урчал под шершавым языком его серебристой матери, пил её тёплое молоко, ощущал щекой тяжесть её подбородка. А потом настал покой.

Старый лис больше не шевелился.

Пакс поднялся. Прижался лбом к щеке друга. Попятился назад и горестно залаял, и ему было всё равно, услышат ли его больные войной. Он побежал.

На этот раз бег не приносил никакой радости — только облегчение от того, что его тело служит ему. Он бежал и бежал на север сквозь сумерки, бежал на север сквозь ночь.

Когда забрезжил рассвет, он вступил на территорию чужака, но все ещё бежал. Рыже-бурый лис преградил было ему путь, но, видя, что Пакс не собирается сворачивать, отступил и пропустил его. Пакс галопом слетел по скалистому склону, в несколько прыжков пересёк дно долины; ему осталось одолеть лишь подъём на покатый луг. На полпути он остановился и поднял голову.

Трое наблюдали за его приближением. Теперь он знал их всех: подруга Серого, всё ещё беременная, с огромным брюхом; рядом Мелкий, вдвое меньше неё.

Игла стояла поодаль, одна. Её яркий мех блестел у большой сосны, что возвышалась над поляной; той самой сосны, под которой погибла её сестра.

Пакс нёс на себе запах смерти Серого — но лисы уже знали.

Остаток пути Пакс преодолел тихо и медленно. Дойдя до логова Серого, он поднял голову и провыл ноты скорби. Трое ответили тем же.

Подруга Серого приблизилась и понюхала нос Пакса, потом бок. Она узнала про драку, которая не убила её друга, и про устроенный людьми взрыв, который убил. Она узнала, что Пакс защищал Серого, кормил, промывал ему раны, и она была за это ему благодарна. И наконец она узнала ту весть, в поисках которой погиб Серый.

*На юге опасно?*

*Да. Опасно.*

Подруга Серого отошла, грузное брюхо её колыхалось.

Передав своё сообщение, Пакс опустился на траву, измождённый. Мелкий подошёл, сел рядом, и Пакс с радостью позволил маленькому лису вылизать себя. Игла следила за ними сверху, со своего наблюдательного пункта у сосны.

* * *

Остаток дня Пакс проспал — но спал неспокойно, урывками, ему много раз снился один и тот же мучительный сон, в котором его мальчика опутывали дымящиеся провода. Когда на ярко-синем небе взошла луна, он наконец поднялся.

Он вдохнул запахи лис, которых связала скорбь из-за утраты серебристого друга, который всех их объединял. Пакс и сам теперь был связан с ними той же скорбью и знал, что, если он решит остаться в этой долине, ему будут рады. Но этот сон тянул его обратно, в лагерь больных войной.

Уже собираясь уходить, он ощутил, как по склону сбегает Игла. Подождал её.

*Куда ты?*

Пакс поделился с ней тем, что узнал сам: что взрывы в земле — это война и что провода несут смерть. Поделился страхом, что его мальчик, если он придёт к отцу, может на них наступить, поделился своим твёрдым намерением защитить Питера.

*Эти взрывы — они убивают людей?*

*Да.*

Она обежала вокруг и посмотрела ему в глаза. *Тогда брось их.*

Пакс не стал её слушать. Он прыгнул далеко вперёд. И, коснувшись земли, побежал.

# 18

Завидев Волу, которая хромала под дождём к сараю, Питер соскочил с бревна и постарался стереть с лица виноватое выражение. Вола догадывалась, что он упражняется больше, чем она велела, — он и вправду обычно удваивал число упражнений — и была от этого не в восторге. «Здоровому взрослому человеку требуется месяц на всё то, что ты пытаешься впихнуть в одну неделю. Ты себя загонишь», — не раз предупреждала она. За те несколько дней, что он у неё прожил, этот спор у них успел стать привычным.

Он увидел, как она стряхивает с себя капли дождя, стоя на пороге, и вспомнил Пакса — как он по-собачьи отряхивался. А если там, где он сейчас, тоже идёт дождь? Станет ли он отряхиваться, если нет тёплого и сухого места, где можно после этого укрыться? Питер вздрогнул, словно от холода, и обхватил себя за плечи.

— Что случилось? У тебя такой вид, как будто что-то болит. Руки?

— Нет, ничего. — Конечно же, они болели. Но это была хорошая, ноющая боль; боль, означавшая, что он скоро окончательно наберётся сил, чтобы уйти. Он лёг и трижды отжался, опираясь правым гипсовым сапожком о левую щиколотку. — Вот видите? Всё хорошо. А можно я сейчас пройду полосу препятствий? Дождь не такой уж сильный.

— Нет. Нельзя мочить гипс. К тому времени, когда тебе пора будет уходить, я придумаю, как сделать его непромокаемым, но пока что просто не гуляй под дождём, и всё. Ты дневную норму выполнил?

— Бревно, мешки, шлакоблоки. Все основные упражнения, как вы учили.

Вола кивнула на стену с марионетками:

— Тогда почему не репетируешь?

*Потому что эти куклы ни на шаг не приближают меня к моему лису,* хотел сказать Питер, но вместо этого с многозначительным вздохом закатил глаза.

Волу это не впечатлило.

— Как у тебя с ними движутся дела?

— Нормально. В смысле, хорошо. — Он репетировал несколько раз. Стало получше. По крайней мере, нитки больше не спутывались. Правда, иногда, управляя палочками, он получал не тот результат, какого ждал, а прямо противоположный, и тогда куклы дёргались, как будто их било током. Но терпение у него кончилось.

— Давайте уже играть спектакль. Я ведь скоро ухожу, Вола. — Питер поднял костыли, которые теперь вели себя как естественные продолжения его рук. — Я вчера дважды прошёл до хребта и обратно — почти шесть часов провёл на этих штуковинах. Мог бы и восемь, да только вы у меня их отобрали, помните? Я уже готов идти.

Вола опустила в карман комбинезона горсть гвоздей и пристроила молоток в петлю на поясе. И только потом посмотрела на Питера.

— Покажи мне, как ты управляешься с Синдбадом.

Питер снова издал тяжкий вздох, который Вола снова проигнорировала, и снял Синдбада со стены. Синдбад у него пролетел над тюком

сена и приземлился на деревянное яйцо в большой жестяной миске, которую Вола раскрасила, чтобы придать ей вид гнезда. Питер понимал, как неуклюже он всё это проделал, но взглянул на Волу с надеждой.

— Вот так, значит, да? Так у тебя выглядит отчаянный храбрец, готовый рискнуть жизнью, лишь бы вырваться на волю от могущественной птицы Рух?

Вола взяла палочки у него из рук, и кукла в тот же миг словно обрела плоть и кровь.

— А ты подумай, чего он хочет: вырваться на волю, — продолжала она так, как будто Питер попросил преподать ему урок. — Опусти его руки и веди за них, вот так, тихонько, пусть он идёт на полусогнутых, украдкой. Теперь погружаем его в гнездо поглубже, на самое дно, пока он полностью не спрячется за яйцо. И когда он уже там, ты берёшь птицу, и она пролетает над гнездом с другой стороны — справа, запомни, чтобы не задеть нитки Синдбада, а то спутаются. И вот она садится прямо на яйцо, грациозно, медленно, и тогда магнитики на её когтях примагничиваются к рукам Синдбада...

— У меня так не получится. Давайте вы лучше станете перед зеркалом и посмотрите свой собственный спектакль?

Вола сердито зыркнула на него:

— Это третье условие, и оно не обсуждается. Подойди и встань вот здесь.

Она перенесла марионетку на верстак.

— Смотри, он хочет двигаться. Все мои куклы хотят двигаться, я их такими сделала. Надо просто показать им как. Чтобы их мышцы стали продолжением твоих.

Она сняла с Синдбада плащ. Затем, к ужасу Питера, отвязала нитки. Взяла отвёртку и разобрала марионетку на части, пока Синдбад не превратился в кучку разрозненных деталей. Потом протянула отвёртку Питеру.

Тот зажал костыли под мышками и протестующе выставил ладони.

— Ты ведь наблюдал, верно? Ты всё видел?

— Да, но...

— Вообще-то я сюда просто заглянула за инструментами. Через час я опять приду. А ты за это время соберёшь его обратно, и после этого у вас с ним будет полное взаимопонимание. — Она с размаху вложила отвёртку ему в руку и ушла, не добавив ни слова.

Это и вправду оказалось не так уж сложно. Выяснилось, что колени и локти марионетки — обычные шарниры, которые поворачиваются в одну сторону, плечи и бёдра — вырезанные из дерева шаровые шарниры, позволяющие бо́льшую свободу движений. Кукольные ладони и ступни крепятся кожаными ремешками.

С нитками дело обстояло хитрее. Но когда Питер сообразил, что кисти рук у куклы управляются со штуковины, которая движется, как стрекоза, то сумел разобраться и с остальными. И Вола оказалась права: после того как он разобрал и собрал Синдбада, тот задвигался у него гораздо плавнее. «Чтобы их мышцы стали продолжением твоих», — сказала Вола, и, действительно, Питеру удалось передать Синдбаду те движения, о которых она говорила, движениями собственного тела.

Однако с птицей Рух это правило не работало. Питер сгибал и разгибал плечи, взмахивал руками, но птица лишь делала несколько кособоких взмахов и потом падала, как подстреленная. Блестящие гагатовые глаза смотрели на него как будто бы с упрёком.

— Извини, птичка. Но я не знаю, что ты вообще должна делать. Ты хочешь сожрать этого дядьку? Или ты защищаешь своё яйцо?

Ему внезапно захотелось узнать историю птицы Рух и понять, что там произошло. Он нашёл нишу, где Вола хранила книгу про Синдбада. Доставая книгу, он услышал тихий звяк. В глубине ниши было что-то ещё.

Он нашарил это что-то и вынул. Это оказалась выцветшая жёлтая квадратная жестянка, украшенная уже облупившейся надписью ПЕЧЕНЬЕ «САНШАЙН». Он поставил её к себе на ладонь и вспомнил другую обшарпанную жестянку от печенья, которую нашёл у деда, ту, в которой целая армия солдатиков охраняла удивительную фотографию.

Он открыл крышку. Внутри была пачка каталожных карточек, исписанных почерком, который он уже научился узнавать. В тот же момент он понял, что в руках у него личные истины Волы, те, которые она прятала. Он поспешно вернул крышку на место, не желая вторгаться в Волины тайны. Но было поздно — он уже успел прочесть текст на первой карточке:

*Я могла бы стать хорошим учителем.*

Эта истина не была страшной и, по правде говоря, не казалась такой уж глубоко личной. И всё же лучше бы он ее не читал. Он затолкал жестянку, а следом за ней и книгу, обратно в нишу — за миг до того, как вернулась Вола.

— Я всё понял, — сказал он, указав на марионеток. — Теперь можно и спектакль.

Но Вола только прошагала к верстаку и полила маслом точильный камень.

— Ещё нет, — сказала она. — Сперва нам нужна сцена. Я её сколочу, когда будет свободное время.

— Сцена? Про сцену вы ничего не говорили!

— А ты думал, марионетки будут просто болтаться в воздухе над тюками сена? — Она обернулась и выставила ладонь, заранее отметая все его протесты. — Послушай, мальчик. Я буду смотреть историю того солдата так, как её нужно смотреть. Для меня это столько значит, что тебе придётся с этим считаться, даже если ты не понимаешь почему. Хотя, между прочим, должен бы понимать. Ты носишь с собой амулет — это то же самое. Тем самым ты рассказываешь историю своей мамы, ту, которую она сама рассказать не может.

— Но сцена — это долго...

— А спешить некуда — ты всё равно здесь ещё как минимум на неделю.

Она похромала обратно к верстаку, уселась и начала перебирать свои инструменты. Дискуссия окончена.

Питер плюхнулся на тюк с сеном. Ещё одна такая неделя — и он сойдёт с ума.

Подумав так, он вдруг осознал, что больше не считает Волу сумасшедшей. Раньше считал, а теперь нет. Приподнявшись на локте, он следил, как она полирует инструменты, как бережно поднимает каждый предмет, как тщательно чистит. Как потом кладёт каждый инструмент в точности на его место. В её движениях была спокойная целесообразность, которая ему нравилась. И предсказуемость.

Франсуа вразвалочку вошёл в сарай и зевнул. Он забрался на развилку стропил над верстаком и принялся умываться, перед тем как вздремнуть. И Питеру подумалось, что ему, как и Франсуа, стало уютно у Волы.

Он вытянул шею, чтобы посмотреть, что она делает. Черенок мотыги. Принесла поломанную мотыгу и мастерит к ней новый черенок. Простая вещь, но ему виделось в этом чуть ли не волшебство. Или взять его костыли. Пока их у него не было, он был беспомощен. А Вола взяла пару брусочков, раз-два — и он уже скачет, как заяц, по пересечённой местности, милю за милей. Волшебство.

Он подтянул к себе костыли, сунул их под мышки, ощущая знакомую приятную прочность и надёжность, и перемахнул к верстаку:

— Я хочу кое-что смастерить. Вы меня нау́чите?

Вола отклонилась назад и изучающе уставилась на него. Взгляд этот длился, наверное, минуту, не меньше. Потом она кивнула:

— Правильно, нечего мозгам закисать. Ты знаешь хоть что-нибудь о работе с деревом?

— Резать надо от себя — вот всё, что я знаю.

— Для начала неплохо. Но я не об этом. — Вола выбрала из ящика для дерева новую заготовку и положила в центр верстака. — Кто здесь хозяин?

— П-простите... что?

— Кто тут главный: я или дерево?

Питер понял, что она его испытывает. Он посмотрел на деревяшку: она лежала на верстаке, неподвижная, никакая. Потом посмотрел на аккуратные изгибы поблёскивающих резцов — они, казалось, дрожали от нетерпения, до того им хотелось скорее приступить к работе.

— Вы. Вы главная.

Вола кивнула. Она выбрала резец, изогнутый в форме ложки, и деревянный молоток, посмотрела на кусок дерева тем же испытующим взглядом, каким несколько минут назад смотрела на Питера, — как будто надеялась вычитать какое-то тайное послание. И, постукивая молотком, вонзила резец в свежую древесину. Получился чистый, ровный рез, на верстак упал узкий завиток стружки.

Она обернулась к Питеру:

— А теперь? Теперь кто главный?

Лицо Волы ничего ему не подсказывало. Зато подсказало само дерево: недостающий клинышек был словно вопрос, требующий ответа.

— Дерево, — ответил он убеждённо.

— Правильно, — согласилась Вола. — С этого момента дерево — хозяин и господин. А резчик — его слуга. Все мастера служат своему мастерству. Как только ты решишь, что именно хочешь сделать, твой замысел берёт над тобой власть. Ты уже знаешь, что хочешь сделать?

— Как вы́резать лиса? — мгновенно выпалил он.

Едва эти слова сорвались с языка, Питер приготовился услышать всё тот же знакомый ответ: сам разберёшься. Однако Вола его удивила.

— У Микеланджело однажды спросили, как он сделал одну из своих скульптур. Он ответил: «Я увидел ангела в глыбе мрамора и просто отсекал всё лишнее, пока не освободил его». Возможно, это неплохой подход. Конечно, если ты собираешься искать лису в лесу, то начать надо с деревьев. — Она жестом пригласила Питера к ящику с заготовками. — У каждого дерева свои достоинства. Липа хорошо режется, отлично держит мелкие детали и к тому же лёгкая. Головы у моих марионеток как раз из липы. А вот сосна...

— А ясень подходит для бейсбольных бит, — вставил Питер. — Он очень твёрдый.

Вола какое-то время молча перекидывала сосновое поленце из руки в руку. Потом сказала:

— Кстати, раз уж ты об этом заговорил... — Она развернулась к Питеру. — У тебя правда нет биты? Ты любишь бейсбол, а биты у тебя нет?

— Я филдер.

— И что? Ты ждёшь, пока кто-то пошлёт мяч, потом ловишь? Но это просто реакция. Разве ты не хочешь сам бить по мячу?

— Это не так устроено. Как только мяч попадает к тебе, ты им завладел, он твой. Это не просто реакция — я принимаю решения. И я тоже бью. Биты есть. У команды. Вы просто не разбираетесь в бейсболе.

— Может, в бейсболе я и не разбираюсь. — Она пожала плечами и бросила кусок дерева обратно в ящик. — Но я начинаю разбираться в тебе. И мне кажется, тебе нужна бита. Твоя собственная.

Питер повернулся к ящику. Провёл ладонью по деревяшкам, и перед глазами вспыхнула картина: осколки голубого стекла осыпаются на белые розы. Когда он, с битой в руке, стоял у «дома», единственным способом не подпустить к себе эту картину было изо всех сил сосредоточиться на движениях питчера. Если у него снова заведётся бита, то каждый раз, когда он будет брать её в руки, перед глазами у него будут возникать эти голубые осколки на белых розах. А этого он не вынесет.

Он поднял брусок медового цвета и примерно такого размера, какого был Пакс, когда Питер его нашёл.

— А если вот это? — спросил он, и у него перехватило дыхание. — Оно такое, с рябью, как мех.

Вола прикусила губу — должно быть, сдерживалась, чтобы не продолжить дебаты о бейсбольной бите.

— Орех серый, — сказала она наконец. — Красивая текстура. И к тому же он мягкий. Завтра начнём вырезать.

* * *

Поздним вечером, когда Питер, измотанный донельзя, уже собирался залезать в гамак, он увидел этот кусок древесины, который раньше поставил на подоконник. За весь день он почти ни разу не вспомнил о Паксе. Его захлестнуло чувство вины. Он ведёт себя так, будто у него вообще лиса нет. Такого с ним не было с семи лет.

До дня, когда он впервые почти не вспоминал о маме, когда-то прошло гораздо больше времени. Он точно знал сколько: год и шестнадцать дней. В тот день он был в походе с другом и его семьёй. С утра они сплавлялись на каноэ, потом рыбачили, и плавали, и разбивали палатки, и жарили хот-доги. Только забравшись в спальный мешок под звёздным небом, он вспомнил — и ужаснулся своему предательству. Так ему и надо, думал он в ту ночь, он заслужил остаться без мамы.

Он достал из рюкзака её фотографию. Её день рождения, воздушный змей. Одно из очень хороших воспоминаний. Змей не желал взлетать. Питеру было всего шесть, а змей — это была просто-напросто картинка с драконом и примотанные к ней клейкой лентой палочки от леденцов. Даже в том возрасте он понимал: если бы отец увидел, что змей так и не взлетел, весь день был бы отравлен. Но отца с ними не было, а мама, глядя на злополучного змея, не сердилась, а заливалась смехом, и они расстелили одеяло на траве, и устроили пикник — козинаки из арахиса и виноградный сок, — и сочиняли сказки про бумажного дракона, который был слишком смышлён, чтобы куда-то лететь, когда на земле его ждёт столько приключений.

Питер положил фотографию на подоконник возле куска дерева. Он закрыл глаза. Ему срочно были нужны воспоминания о Паксе.

Пакс в загородке, встречает Питера перед дверцей, потому что научился узнавать визг тормозов школьного автобуса. Обнюхивает рюкзак — нет ли яблочных огрызков. Выглядывает из кармана флисовой куртки. Питер однажды втихаря пронёс его в школу — это было во втором классе, он не подумал о последствиях для лисёнка, просто хотел тайком порадоваться его компании. Но в тот день была пожарная тревога, и звук сирены страшно напугал Пакса. Питера отправили домой, и отец был вне себя от гнева, но настоящим наказанием для Питера стало не это, а то, как дрожал и мяукал перепуганный лисёнок.

А самое лучшее воспоминание было другое, тихое. Позапрошлая зима была такой холодной, что не хотелось удаляться от камина и идти делать уроки, и тогда отец смилостивился и разрешил забирать Пакса в дом пораньше. Пакс вытягивался у огня и дремал, и его морда и передние лапы нагревались так сильно, что Питер волновался и всё время их проверял. Питер вспомнил, как, читая учебник истории, он опускал руку и костяшками пальцев растирал мех между лопатками своего лиса. Так уютно, так спокойно. Мир. *Пакс.*

Он открыл глаза, взял с подоконника ореховый брусок. И в бледном сиянии луны увидел в куске дерева своего лиса.

# 19

Игла пустилась вдогонку, но Пакс мчался что было сил и сразу вырвался вперёд. Он бежал всю ночь и всё утро, и к середине дня, когда он добежал до реки перед старой фабрикой, он уже несколько часов не чуял присутствия Иглы. Он бесшумно скользнул в тростниковые заросли, ниже по течению от того места, где покоилось тело Серого. Опустил голову в воду и начал пить. Утолив жажду, раздвинул тростник.

Поле было пустынно. Машин не осталось. Людей не было видно, но их запахи были ещё свежи и даже острее, чем раньше. Люди находились неподалёку, и они были встревожены. Пакс пошёл вверх по течению, пересёк реку в узком месте и поднялся на лесистый гребень соседнего холма, чтобы осмотреть место с высоты.

Внизу, за развалинами фабрики, тянулись полосами новые углубления. Как лисы — в свои норы, солдаты спрятались в окопы: одни продолжали копать, другие возились с ящиками; некоторые склонились над картами. Под фабричными стенами стояли большие машины.

Пакс по собственным следам вернулся назад — между деревьями, через реку, вниз по течению. Снова скользнул в заросли тростника и, осмотревшись, снова не увидел людей. Тёмный электрический запах висел в воздухе, тяжёлый и плотный.

Налетевший вихрь принёс дым с запада. Пакс по дороге чуял его дважды, но сейчас он был сильнее, опаснее. Ближе.

Пакс не мог дожидаться ночи и спасительной темноты.

Он прыгнул и поплыл — на поверхности оставалась только его гладкая голова, — выбрался на берег, отряхнулся. Прижимаясь к земле, он побежал к ближайшему укрытию — карликовому дубу, окаймлённому снизу новыми побегами. До дуба было недалеко, всего несколько полных прыжков.

Оттуда он и разглядел то, что ему было нужно: впереди, в том месте, где кончалось поле и начинался крутой подъём наверх, к стенам разрушенной фабрики, из земли выпирала пурпурная гранитная плита. Поверх этого обнажившегося куска породы тянулся пучок проводов и снова уходил вниз, в траву.

Пакс выбрался из укрытия. Его лапы ощущали угрозу снизу, из-под земли: у берега были закопаны ещё ящики, по полю змеились ещё провода. Он нёсся большими прыжками, не касаясь проводов и едва касаясь травы, так что травинки почти не шевелились.

У подножия гранитной плиты он залёг, прижавшись к земле и навострив уши. По еле слышному гулу голосов и инструментов он понимал, что солдаты по-прежнему в окопах. Если они выйдут, если начнут приближаться, ветер ему подскажет.

Пакс вытянул один проводок и вгрызся. Но не успел он прогрызть изоляцию, как кто-то налетел на него сзади, яростно вцепился зубами. Он ударился о гранит так, что чуть дух не вышибло, перекатился, поднялся на ноги и увидел, как Игла запрыгнула через его голову на плиту — заняла выигрышную позицию.

*Больные войной приближаются, говорят вороны. Эти взрывы в земле, эти провода со смертью, оставь это им, пусть они найдут.*

Пакс был крупнее Иглы, но не мог тягаться с ней в решимости. Каждый раз, когда он пытался подступиться к своему проводу, её щёлкающие зубы отгоняли его прочь.

Он обогнул плиту — поднявшись ближе к стенам фабрики, чем ему бы хотелось, — чтобы наброситься на Иглу сверху. Но не успел он прыгнуть, как взгляд его привлекло какое-то движение внизу у реки. Игла заметила его тревогу, но всё так же смотрела на него, не отводила глаз и не оборачивалась.

*Там люди?*

Пакс почуял в её вопросе острое нетерпение. *Нет. Кажется, лис.*

Игла не поверила.

*Ни один лис из нашей долины не осмелится выйти за границы территории.*

Пакс приподнялся, чтобы лучше рассмотреть. И снова увидел: медно-рыжее клиновидное пятнышко с белым промельком, которое появлялось и исчезало, появлялось и исчезало, пробегая вдоль речного берега в точности той же дорогой, которой раньше бежал сам Пакс, той же дорогой, по которой, должно быть, шла по его следу Игла.

Рыжее пятно мелькнуло в зарослях тростника. Маленький лис с плеском прыгнул в воду. И Пакс его узнал.

И выкрикнул предостережение.

Только тогда Игла обернулась посмотреть. Мелкий выбирался из воды рядом с карликовым дубом. Игла вмиг ощетинилась — будто вдвое увеличилась в размерах, — взвилась с гранитного уступа и понеслась по полю.

*Нет, назад! Домой! Назад!* Она летела сквозь траву. Паника в её голосе только подзадорила Мелкого — он привстал, высматривая сестру, а потом помчался к ней огромными весёлыми прыжками.

Пакс бросился к проводу, но было слишком поздно.

Он успел только прогрызть изоляцию, когда сквозь землю пробился тёмный запах молнии. Разряд тока раздробил ему один из задних зубов, разорвал нижнюю губу, обжёг горло и с шипением пробежал по хребту.

И тут широкая полоса поля взлетела в небо. Пакса снесло с плиты, а когда он упал на землю, запутавшись в вывернутом корнями вверх кустарнике, разрушенный мир оказался беззвучным. Вокруг стояла полная тишина, только в черепной коробке звенело, и он, застыв от ужаса, смотрел, как ливень горячей земли, и травы, и веток, и камней обрушивается сверху и как потом на всё это ложится пелена пыли.

Пошатываясь, он поднялся на лапы и втягивал опалённый воздух в слипшиеся лёгкие, пока в голове не прояснилось. Потом сел и попытался поймать запахи Мелкого или Иглы. Он искал их во всех направлениях, но нос стал бесполезным, тонкие обонятельные нервы онемели от пепла и сажи. Он лаял, звал, но ответом ему был только звон в ушах.

Пакс выбрался из кучи веток и стряхнул с себя обломки. Солдаты сбега́ли вниз по склону через дымящийся клок поля и прыгали в реку. Когда все они пробежали, он последовал за ними. Каждое движение отдавалось болью в костях.

Он звал Мелкого и Иглу там, где видел их в последний раз. Ответа не было, но зато — сначала слабо, как будто из очень далёкого далёка, — он услышал свой собственный лай. А потом и звуки ветра, и щёлканье сухих стеблей тростника, когда он ломился сквозь них, и грубые окрики больных войной, которые возвращались в окопы. И с деревьев — карканье ворон, недовольных взорванным миром. К Паксу вернулся слух.

Целый час он бродил по полю, зовя пропавших лисиц. Только в сумерках он наконец услышал слабый ответный тяв Иглы. Он пошёл на этот звук к реке. На берегу дымился, разбросав по воде почерневшие ветки, расколотый карликовый дуб.

Там, среди вывороченных из земли корней, Пакс и нашёл Иглу. Она сидела, подняв голову, взгляд был насторожён и чуток, хотя морда была измазана кровью. Мех её прекрасного хвоста был опалён дочерна. Пакс обнюхал её морду. На щеках лисы была не её кровь.

Она опустила голову. Под ней, свернувшись клубком, лежало неподвижное тело Мелкого.

Пакс ткнулся головой в грудь маленького лиса. Грудь поднималась и опускалась резкими рывками, и Паксу полегчало.

Но Игла чуть подвинулась, и он увидел: там, где должна была быть задняя нога Мелкого, его лёгкая, быстрая нога, вся покрытая чёрным мехом, но с белой лапой, теперь было только рваное месиво пропитанных кровью листьев.

# 20

Питер натирал рукоятку резца промасленной стальной ватой, еле сдерживаясь, чтобы не запустить комком этой ваты в стену сарая.

Утро прошло хорошо. Он скакал на костылях по полю и лесу, по грязи и гравию, карабкался по склонам и слезал со скал, перебирался через каменные стены и проползал под заборами. Сильный, неутомимый и почти такой же быстрый, как если бы твёрдо стоял на своих двоих. В полдень он сказал Воле, что уже готов уходить, и он правда был готов. Но она, как обычно, и бровью не повела. Велела ему идти в сарай отдохнуть, а для верности забрала костыли. «Ногу держи высоко. И полируй инструменты. Пусть рука к ним привыкнет».

Взгляд его упал на почти законченную фигурку — она была перед ним, на верстаке. Лис был ещё не готов, однако выглядел живым, и Питер видел в этом знак, что Пакс найдётся целым и невредимым. И хотя он боялся надеяться, но всё-таки позволил себе представить эту сцену. Он зовёт Пакса — на том самом месте, где оставил его, — и Пакс вылетает из леса, и мчится к нему, и от счастья сбивает его с ног. И они вместе возвращаются домой.

— Мальчик, ты сейчас сотрёшь эту рукоятку до дыр.

Питер дёрнулся.

— Я не услышал, как вы вошли.

— Нельзя витать в облаках, когда работаешь с инструментом. — Вола уселась на бочку рядом с ним и взяла в руки рашпиль и промасленную тряпку.

— Я думал о Паксе. — Он положил начищенный до блеска резец, взял свою фигурку и поставил на протянутую ладонь Волы.

— Кажется, того и гляди выпрыгнет из рук. Волнуешься о нём?

Питер кивнул.

— Но я часто думаю, что с ним всё может быть в порядке. Лисы умные, ужасно умные. Нам приходилось запирать дверь кухни, потому что Пакс научился открывать все шкафчики. А однажды он перегрыз провод вентилятора, который мы только-только поставили в мою комнату. Отец страшно рассердился. Но когда он стал чинить вилку, оказалось, что в корпусе вентилятора было короткое замыкание. И был бы пожар. Я думаю, что Пакс каким-то образом об этом узнал и хотел меня уберечь. Так неужели ему не хватит ума научиться охотиться? Как вы думаете, он может выжить?

— Думаю, что да, — сказала Вола.

Питер взял у неё из рук фигурку и посмотрел в глаза деревянного лиса.

— Есть ещё кое-что, — сказал он. — Если бы... если бы он умер, я бы знал.

И он рассказал Воле то, чего никогда никому не рассказывал: как ощущал иногда, что они с Паксом — единое целое, как иногда он не просто знал, что чувствует его лис, но и сам это *чувствовал*. Рассказал и затаил дыхание: сейчас она скажет, что у него не все дома.

Но Вола сказала, что ему повезло.

— Ты испытал на собственном опыте, что такое «двое, но не двое».

— Я видел у вас над столом такую карточку — «Двое, но не двое». Но я не знаю, что это значит.

— Это буддийское понятие. Недвойственность. Единство и неделимость. Это про то, что вещи, которые кажутся отдельными друг от друга, на самом деле неразрывно связаны. И разлук не бывает. — Вола снова взяла в руки его лиса. — Это не просто кусок дерева. Это и облака, которые принесли дождь, который поливал дерево, и птицы, которые вили на нём гнёзда, и белки, которые питались его орехами. Это и еда, которой кормили меня бабушка и дедушка, чтобы я была здоровой и сильной и смогла повалить это дерево, это и сталь топора, которым я его срубила. Это и то, как хорошо ты знаешь своего лиса, потому-то ты вчера и сумел его вырезать. И ещё это история, которую ты расскажешь своим детям, когда отдашь им этого лиса. Всё это отдельные вещи, но при этом связанные, неразделимые. Понимаешь?

— Двое, но не двое. Неразделимые. Выходит, что... Вот позавчера вечером я был уверен, что

Пакс поел. Я это чувствовал. Прошлой ночью я видел луну — и знал, что Пакс тоже видит её вместе со мной. Как вы думаете, если я *чувствую*, что Пакс жив, значит, он жив?

— Да.

При этих словах надежда Питера вспыхнула с новой силой. Вола никогда не говорит того, чего не думает. «Здесь говорят правду — такое у меня правило». Она повторила ему это раз, наверное, сто. До чего же это ценно, осознал вдруг Питер, когда у тебя есть кто-то, на чью честность ты можешь безоглядно рассчитывать. Сколько раз за свою жизнь он только этого и хотел? Сколько раз, когда ему требовался честный ответ, он получал от отца одно лишь мрачное молчание?

И тут, не успев испугаться, он задал вопрос, который давно не давал ему покоя:

— Как вы думаете... если в ком-то заложено что-то дикое, это можно укротить? Если это часть натуры? Наследственное?

Вола посмотрела на него долгим взглядом. Питер знал: она думала, что он спрашивает о Паксе, — и не стал ничего объяснять. Он снова взял резец и уставился на него в ожидании ответа, сжав рукоятку так, что пальцы побелели.

— Слушай, ты всегда был таким? — спросила наконец Вола. — Всегда просил других найти за тебя ответ? *А?* Так вот, это не работает.

Питер выдохнул. Едва задав вопрос, он сразу понял, что не хочет слышать ответ. А может, он вообще никогда не будет готов его услышать.

Вола похлопала себя по карману комбинезона и сдвинула брови:

— Чуть не забыла.

Она достала завёрнутый в салфетку кекс и протянула Питеру. Он съел четыре таких за завтраком, но ей всё равно казалось, что он недоедает.

Питер развернул кекс. Слегка приплюснутый — но, как и у остальных её кексов, пекан располагался строго в центре верхушки из коричневого сахара. Она вчера пекла их допоздна, и он слышал, как она поёт что-то на незнакомом языке. Что-то весёлое.

— Вола, почему вы до сих пор живёте здесь одна?

— Я тебе говорила почему.

— Но двадцать лет на то, чтобы разобраться, кто вы такая? В смысле, неужели это так трудно?

— Ещё как. Самые простые истины доходят труднее всего, особенно когда они касаются тебя. Если не хочешь знать правду, то сделаешь всё возможное, чтобы её от себя скрыть.

Питер положил кекс. Она явно уходила от вопроса.

— Но вы-то хотите. И вы знаете себя. Так как же вышло, что вы до сих пор не живёте с людьми? Скажите правду! Тут ведь такое правило, верно?

Она с минуту смотрела в окно сарая. Плечи её поникли, и, когда она обернулась к нему, вид у неё был усталый.

— Справедливо, Питер Без-битер. Может, дело как раз в том, что я себя знаю? Может, я ровно то о себе и знаю, что мне не надо жить с людьми? Может, я граната?

— В каком смысле граната?

— Когда девочка, которая любила персики и наблюдать за светлячками, превращается в женщину-убийцу, как ещё её назвать? *А?* Та девочка скорее дала бы отрубить себе руку, чем причинила бы вред одному-единственному светлячку, — но проходит несколько лет, и она убивает абсолютного незнакомца. Я бы назвала её оружием. Непредсказуемым и смертоносным. Лучше уж мне сидеть тут, чтобы я никого больше не задела, даже случайно. — Она снова, как тогда, изобразила пальцами выстрел, но на этот раз жест вышел печальным, а не угрожающим.

— Меня вы не задели, — ответил Питер.

— Может, всё ещё впереди? Откуда ты знаешь?

— Знаю, и всё. — Он ударил себя кулаком в грудь. — Внутри. Тут.

Вола хлопнула ладонями по верстаку и, оттолкнувшись, пошла к выходу.

— Инструменты разложишь по местам, — бросила она через плечо.

Питер из окна наблюдал, как она хромает по дорожке. Казалось, она даже движется по-другому. Как будто нога из массива сосны стала ещё тяжелее.

Он аккуратно, один за другим, разложил начищенные инструменты по их кармашкам, потом свернул ткань. В основании черепа зашевелилась знакомая тревога. Вторую неделю он здесь торчит. Он бы уже ушёл, если бы не это её третье условие. Он обещал ей и, значит, должен. Но когда он спросил её за завтраком насчёт сцены, она только плечами пожала: «Там видно будет».

И тут вдруг ему в голову пришло решение, до того простое, что он рассмеялся вслух.

Без костылей он опять стал двигаться неуклюже и медленно, однако умудрился выбраться из сарая и допрыгать до сложенного во дворе хвороста. Там он выбрал двенадцать длинных прямых веток с руку толщиной. Одну за другой он перекидал их на дорожку, ведущую в сарай, потом допрыгал до них и перетащил внутрь. Поднял на ко́злы, отпилил всё лишнее и принялся за дело.

Через два часа сцена была готова. Конечно, не бог весть что: рама с неровными, зазубренными углами, перехваченными бечёвкой; прибитые к ней гвоздями разномастные доски — стены и пол. Но, натянув крышу из мешковины, он усмехнулся.

— Проще простого, — сообщил он Франсуа, который забрёл в сарай и теперь с наслаждением обнюхивал раму. — Просто — проще — простого.

* * *

— Я сделал сцену. Она в сарае.

Вола перестала ощипывать курицу. Оглядела ветку, на которую он опирался, и показала на костыли, прислонённые к кухонному столу. Питер сунул их под мышки и немедленно ощутил знакомую уверенность.

— Теперь я могу показать вам представление. Идёмте в сарай.

— Сейчас я занята. Но хорошо. Сегодня вечером.

— И тогда я смогу уйти, Вола. Я готов.

Вола положила курицу на стол и вздохнула.

— Ты не готов. Ты спишь под крышей, в тепле и сухости. У тебя есть чистая вода, и есть кто-то, кто для тебя готовит. Но ладно, завтра я устрою тебе экзамен. Десять миль. Пройдёшь пять миль туда, покажешь мне, как ты разбиваешь лагерь на одной ноге, потом пять миль обратно... потом поговорим.

Питер смотрел, как она собирает куриные перья и суёт в карман. И тут до него дошло: когда он уйдёт, ничего не изменится. Вола всё так же будет собирать перья, так же будет делать своих марионеток, всё новых, и новых, и новых, одна-одинёшенька, в лесу, и ей некому будет рассказать историю того солдата.

# 21

Из росшего неподалёку куста Пакс наблюдал за Мелким всю ночь, и на следующий день тоже. Он отходил только, чтобы успокоить боль в разорванной губе прохладным речным илом и подкрепиться выброшенным на берег мальком. Обоняние тоже вернулось, и всякий раз, когда он, ненадолго забывшись беспокойным сном, вздрагивал и просыпался, он втягивал воздух, чтобы убедиться, что Игла и Мелкий живы.

Игла подтащила к упавшему дереву сломанную ветку — укрытие для Мелкого — и обвилась вокруг брата, согревая его. Она несколько раз ненадолго уходила, и каждый раз Пакс тихо занимал её место рядом с недвижно лежащим маленьким лисом.

Он как раз был там, когда Мелкий наконец проснулся с жалобным подвыванием.

Пакс ткнулся носом ему в плечо, утешая. Мелкий приподнял голову. Глаза его были затуманены болью и страхом. Он снова застонал, и Игла, которая охотилась неподалёку, тотчас прибежала.

Пакс почтительно отошёл в сторонку, но Игла просто устроилась рядом с братом, щека к щеке. Пакс нагнулся к ране Мелкого и принялся её вылизывать, насторожённо следя за реакцией Иглы. Она смотрела внимательно, но не возражала.

Пакс стал вылизывать сильнее, тщательно вычищая рану. Мелкий следил за ним с доверием во взгляде и ни разу не вздрогнул от боли. Закончив с раной, Пакс умыл Мелкому морду и уши. И Игла ему это позволила.

Когда Мелкий снова уснул, Пакс остался с ними рядом.

Они с Иглой вдвоём наблюдали за тем, что происходило в лагере. Хотя люди не возвращались на взорванную часть поля, запахи были опасными. Когда ветер дул с запада, неся с собой зловоние опалённой земли, солдат будто охватывала тревога. В лагерь прибывало всё больше людей, всё больше машин. Однажды, услышав рычание мотора, Игла подскочила, но потом снова положила голову рядом с головой брата.

*Я должна скоро отвести его в другое место.*

*У людей нет нюха. Если они нас не видят, мы в безопасности.*

Игла посмотрела на него, потом на людей. *Мы не в безопасности, пока поблизости есть хотя бы один из них.*

Паксу казалось, что Игла уменьшилась — она как будто лишилась большой и важной части себя, как будто эту часть забрали люди.

*Мой мальчик не причинит вреда. Он не такой, как они. Не болен войной.*

*Больные войной все взрослые. Он ещё маленький.*

*Нет. Дело в другом.* Пакс был уверен в этом, но что-то мешало его уверенности. За последний год Питер сделался выше и сильнее, и голос у него огрубел. Но, что важнее, изменился его запах: это больше не был запах ребёнка. *Он не маленький. Но он не болен войной. В последний день, когда я его видел, он заботился обо мне, хотя ему самому было больно. У него текла вода из глаз.*

*Глаза были ранены?*

Пакс на миг задумался о тайне слёз.

*Нет. Когда у него болит в других местах, из глаз льётся вода. Она струится по лицу. Наверное, эта вода облегчает боль. Но затрудняет дыхание — он хватает ртом воздух, как будто боится утонуть в этой воде-боли.*

Лиса склонилась над спящим братом, чтобы вылизать запёкшуюся кровь у него на бедре. Потом она подняла взгляд на Пакса, и Пакс прочёл в нём весь ужас, который люди причинили её семье.

И тогда Пакс кое-что понял. В тот последний день Питер бросил игрушку в лес. Вода-боль текла у него из глаз, но он всё-таки бросил игрушку. И не пошёл за ним следом.

*Мой мальчик не болен войной. Но он изменился. Он теперь поступает фальшиво.*

# 22

Питер зажёг четыре больших фонаря, свисавших со стропил сарая. Инструменты, круг для заточки, марионетки вдоль стены — всё тепло и радостно засияло в конусах янтарного света. Даже сено засверкало, как золото Румпельштильцхена. Сарай выглядел преобразившимся, но знакомым. Питер знал его теперь, как родной дом.

Дом. Как только он покажет Воле её кукольный спектакль, буквально через час, — он наконец будет свободен. И сможет начать всё сначала.

Он зажёг два фонаря поменьше возле сцены и снял Синдбада со стены.

— Пора готовиться к выходу.

Чёрные глаза марионетки смотрели на него безучастно. Питер проверил шарниры. Его до сих пор изумляло, что Вола разобрала марионетку на части просто ради того, чтобы он мог изучить её устройство. Ему вдруг вспомнилась Волина тайная истина: *«Я могла бы стать хорошим учителем»*.

И в этом она была права. Вот хотя бы: как легко и спокойно она давала ему задания для тренировок. Как позволяла ему наблюдать за тем, как она режет, а потом предлагала придумать что-то своё. Как задавала вопросы обо всём на свете, но никогда не отвечала на них вместо него.

Но что она слишком опасна, чтобы приближаться к людям, — в этом она была совершенно не права. Это сказал бы ей всякий, кто её знает.

Проблема только в том, что её никто не знает.

Разве что он, Питер.

Он повесил марионетку обратно на стену.

— Знаешь что, Синдбад, сегодня у тебя будет выходной.

Он вышел во двор и отыскал в штабеле хвороста ещё одну толстую ветку. Вернувшись, отпилил от неё концы, сделал из них подставку-основание, приколотил гвоздями. Наверху он закрепил раскрашенную жестяную миску — гнездо птицы Рух — и установил эту конструкцию на сцене. Потом снял со стены куклу-чародейку и открутил ей левую ногу.

* * *

— Готов? — окликнула его Вола.

Питер забрался на тюки сена, которые он сложил за сценой, и взялся за крестовину, соединённую с куклой-чародейкой. Удивился, что руки не дрожат. Потому что его идея, в которой он час назад был так уверен, внезапно показалась ему чудовищной.

Когда Вола вошла в сарай, на ней вместо комбинезона была длинная пурпурная юбка, а волосы были гладко зачёсаны — такой Питер её ещё не видел. При виде сцены, которую он смастерил, Вола остолбенела — и это не было притворством.

— У тебя задатки плотника, — сказала она. — Если бы я искала себе ученика, у тебя были бы все шансы получить это место.

Что она подумает о нём через несколько минут? Впрочем, поздно гадать.

— Я готов, — солгал он.

Вола прикрутила фитили четырёх верхних фонарей, потом выдвинула табурет в середину сарая.

— Это история одной девочки, — сказал он.

Он услышал, как Вола сдавленно вдохнула. И больше до него не донеслось ни звука.

Ни когда он отдёрнул занавес и приподнял чародейку над сценой, ни когда рассыпались персики — кукурузные зёрна, — которые он сложил у неё на животе. Ни когда он обернул её в свою камуфляжную футболку, упрятал её волосы под шлем — глиняную чашу — и вложил ей в руку палку-винтовку. Ни когда она стреляла из винтовки, ни когда он открутил ей левую ногу, ни когда она карабкалась в гнездо.

Когда в гнезде вспыхнуло пламя, Питер ждал, что Вола возмутится, но она и тогда не издала ни звука. Он много раз репетировал и точно всё рассчитал: горстка деревянной стружки в жестяной миске пылала лишь пару мгновений. Ровно столько, сколько ему было нужно, чтобы снять с марионетки военную форму.

Он поднял её из гнезда и легко опустил на сцену, где рядом с резным лисом была укреплена марионетка-мальчик. Он сделал так, что сначала чародейка склонилась над мальчиком, потом повернулась к лису и погладила его. И тогда он задёрнул занавес.

Питер повесил палочки и крестовинки на гвозди. Он ждал, но в зрительном зале по-прежнему стояла тишина. Он выглянул из-за ширмы.

Вола смотрела прямо перед собой, сквозь него, лицо её было неподвижно, словно высечено из дерева. По щекам струились слёзы. Они поблёскивали в мерцающем свете и почему-то придавали ей благородства.

— Простите. Я просто хотел... Вы не граната! Вы хорошая. Вы взяли меня к себе, вы меня тренируете, чтобы я мог найти Пакса...

— Оставь меня, мальчик. — Голос у неё был низким и натянутым как струна.

— Подождите. Я думаю, это глупо — жить тут затворницей, вдали от всего, как будто вы себя наказываете. Я к чему: может, для того человека эта книга вообще ничего не значила. Может, он её накануне в покер выиграл. Может, он хотел совсем другого. Например, ну, я не знаю... — Питер собрался с духом. — Например, быть учителем. Ну или что-то в этом роде.

При слове «учителем» Вола вскинула голову, но он не отвёл взгляда.

— Да, может быть, он хотел стать учителем. И, может быть, именно это и вам надо сделать ради него. Но этого уже не узнать, так что, я считаю, вам нужно выйти из дома и жить своей жизнью. Я просто что хочу сказать: какие бы ни случались несчастья, всегда можно начать сначала, как феникс, и...

— Я знаю, что ты хочешь сказать. И ты... не неправ, но сейчас уйди отсюда. Оставь меня.

Питер хотел было возразить, но осёкся, глядя, как она сидит: совершенно прямая спина, голова высоко поднята, по шее стекают слёзы. Он аккуратно намотал нитки чародейки на крестовину, слез с тюков сена и подхватил свои костыли. Тишина в сарае казалась невыносимой.

— Ладно. Ладно, — сказал он, просто чтобы нарушить эту тишину.

Путь до дома в темноте длился целую вечность. В кухне на столе стояла накрытая тарелка. Он прислонился к дверному косяку, чувствуя себя безмерно виноватым. Вола приготовила ему перекус из остатков ужина. «А это тебе на вечер, и чтобы доел всё дочиста, ясно?»

Новый прилив вины и раскаяния. Она зарезала курицу — специально ради него, чтобы он ел побольше белковой пищи.

Питер оттолкнулся от косяка и нашарил за плитой коробок спичек. Он понятия не имел, когда она придёт, но только придёт она не в холодный и тёмный дом. Хотя бы это он может для неё сделать. Он зажёг все лампы и потом сложил дрова точно так же, как делала Вола каждый вечер.

Сидя перед камином и глядя, как занимается и разгорается огонь, он снова проигрывал в памяти всё, что сказал. Всё он сказал правильно. Правда, насчёт того, что солдат, может, хотел стать учителем — тут он, наверное, загнул; но, с другой стороны, как знать, вдруг и правда хотел? Нет, он сказал именно то, что собирался сказать. Жалеть не о чем.

В трубу дунул порыв ветра, грозя загасить слабое пламя. Питер потянулся за ещё одним листком газеты. Когда он начал его комкать, внимание его привлёк заголовок: ВООРУЖЁННЫЕ СИЛЫ ГОТОВЯТСЯ НАЧАТЬ ВОЕННЫЕ ДЕЙСТВИЯ. ЖИТЕЛИ ТЕРРИТОРИИ БУДУТ ЭВАКУИРОВАНЫ.

Он расправил газету и прочёл статью. В статье была и карта. Он изучил её, не веря своим глазам. А потом схватил костыли и выскочил на веранду так стремительно, что Франсуа пулей вылетел из дровяного ящика и растворился во тьме.

Питер запихнул свою одежду в рюкзак и огляделся по сторонам. Браслет с фениксом, мамина фотография, перчатка-ловушка и мяч. Браслет он положил в гамак, туда, где Вола его наверняка найдёт, остальное бросил в рюкзак и метнулся назад в кухню.

Вола как раз входила. Повесила шляпу на гвоздь, посмотрела на огонь, потом на Питера. На его рюкзак.

Он протянул ей газетный листок.

Вола пробежала его взглядом и снова посмотрела на Питера, ожидая объяснений.

Он ткнул пальцем в карту.

— Вот она, эта зона военных действий, — сдавленно произнёс он. — Всего в пяти милях от того места, где я оставил Пакса!

— Ты уверен? Это большая территория...

— Уверен! Видите белое пятно на карте? Тут старая верёвочная фабрика. Она заброшенная, но у неё высокие каменные стены, и она стоит над рекой в том единственном месте, где можно перейти вброд; дальше ущелье, обрывистый берег. Вот тут они и будут сражаться, за доступ к реке. Мы с друзьями играли в войну на развалинах. Это было идеальное место для засады. Мы играли *в войну!* Я оставил Пакса как раз на дороге, ведущей к фабрике, потому что думал, что там... — слово «безопасно» застряло у него в горле. Он резко выпрямился и рванулся к двери, где на гвозде висела его флисовая куртка.

— Стой. В этом месте будет бой. Не сходи с ума.

— Я не схожу с ума. Я поступаю правильно. Теперь я точно это знаю. Помните — тогда, с сыром? Вы спросили, какой сыр я люблю, а я понятия не имел, что ответить. Отец любит чеддер, и поэтому мы всегда едим чеддер. Может, я когда-то любил что-то другое. Это как то расстройство, про которое вы говорили, — расстройство, когда не помнишь, кто ты такой. Когда я оставлял Пакса, я не помнил, что правильно, а что нет, что хорошо, а что плохо. Но теперь я вспомнил. И я знаю, что мне надо туда. Знаю точно.

— Хорошо. Допустим. Но ты пока что на одной ноге, мальчик. Это просто нереально. Оцени расстояние. — Вола села, разглядывая карту.

— Нет! Я уже и так потерял кучу времени. Я вас больше не слушаю.

— Да погоди же. — Вола взмахнула газетой. — Подойди сюда. Посмотри.

Питер нахмурился, но подошёл.

— Роберт Джонсон, помнишь? Мой приятель, водитель автобуса, тот, который отправлял твои письма? — Она постучала пальцем по верхнему левому углу карты в газетной статье. — Вот этот город — последняя остановка на его маршруте. Он проезжает мимо нас в одиннадцать десять по вторникам и субботам, а туда добирается поздно вечером. Что, если я завтра посажу тебя на этот автобус? Это сэкономит тебе самое меньшее двести пятьдесят миль, и тебе останется пройти всего лишь миль сорок. Слышишь? Ты вообще слушаешь?

Питер уронил костыли и рухнул на стул — от облегчения у него подкосились ноги.

— Вы это для меня сделаете? Всего сорок миль — это же ерунда!

— Нет. Сорок миль на костылях по лесам да по холмам — это совсем не ерунда. Это, я так думаю, минимум трое суток, то есть ровно столько, сколько нужно, чтоб вымотаться примерно до смерти. Но, по-моему, ты всё-таки выживешь и справишься. Так что сейчас ты остаёшься здесь. Уговор?

— Уговор. — Питер пожал протянутую руку, глядя Воле в глаза. На её лице ещё были видны следы слёз после того, что произошло в сарае, и он знал, что не может уйти, оставив всё как есть. И времени на то, чтобы всё исправить, осталось совсем чуть-чуть. — Уговор, — повторил он. — Только у меня три условия.

# 23

Сквозь деревья светила луна, такая же круглая и сливочно-жёлтая, как яйца, которые Пакс ел неделю назад. Он шёл по берегу, и желудок его сжимали спазмы. За полторы недели, прошедшие с тех пор, как его люди оставили его, он всего трижды ел досыта, да и то в последний раз его через несколько минут вырвало — это когда он проглотил протухшую рыбёшку с речного берега. Он выкопал ветчину из своих тайников и с гордостью смотрел, как Игла и Мелкий поедают мясо, но сам к нему не притрагивался. И с охотой ему по-прежнему не везло. Все запасы жира были сожжены, и теперь сжигались мышцы. Шкура болталась на нём, как чужая.

Пакс развернулся носом к лагерю, откуда, как всегда, неслись мучительно дразнящие запахи пищи. За последние два дня туда прибыло множество больных войной, и ещё сотни их двигались дальше, на юг. От опасности гудела земля. Но голод был сильнее.

Пакс оглянулся на Иглу, которая охраняла покой спящего Мелкого, и дал ей знак, что уходит.

Хотя лагерь был прямо над ним и хорошо просматривался, он выбрал прежний маршрут — через ущелье, потом по гребню холма, — потому что часовые на стене стояли лицом к реке.

Он прошёл по камням в воде, не оставляя следов. Теперь, вдали от тишины погубленного поля, его уши чутко ловили звуки ночи. Он все их уже узнавал. Они его успокаивали. Тончайший писк летучих мышей, треск кустов, через которые ломится беспечный скунс, подземное шебуршание полёвок, далёкая перекличка сов — все эти звуки говорили, что не он один вышел на ночную охоту.

Сам Пакс звуков не издавал, двигался бесшумно — этим хитростям он научился у Серого и Иглы. Тенью проскользнул по гребню, оттуда по склону вниз, в палатку-кладовую.

В этот раз там не оказалось удобно висящего окорока, но столы были завалены овоща-

ми и хлебом. Он столкнул на землю круг сыра. Вкус был резкий и странный, но он глотал, пока живот не сделался тугим. Уже собираясь назад с куском сыра для Иглы, он внезапно замер, учуяв знакомый запах. Арахисовое масло.

Запах исходил из большого металлического бака. Пакс выпустил сыр. Он встал на задние ноги и обнюхал ободок. Бак, как и мусорное ведро в доме его мальчика, обещал множество вкусных обрезков. Но из смешения разнообразных запахов выделялся тот, которого он жаждал больше всего. Вибриссы Пакса задрожали от удовольствия. Он сдвинул крышку на несколько дюймов.

Прозрачная банка, с толстым слоем желанного лакомства на стенках, лежала на самом верху кучи.

Пакс просунул морду под крышку и осторожно прикусил край банки. Он знал по опыту, что именно так надо брать банку, если не хочешь, чтобы она накрыла тебе нос. Он оттолкнулся от бака.

Крышка съехала вбок и громко звякнула в тишине о камень.

Пакс нырнул под стол и замер, сердце его билось часто-часто.

Полог откинулся, в палатку вошёл человек, щёлкнул — появился луч света. Несмотря на густой аромат арахисового масла, Пакс узнал запах человека: отец его мальчика.

Пакс поднял лапу, готовясь метнуться к выходу — правее или левее человека, как получится. Человек обвёл палатку лучом.

Когда свет ударил Паксу в глаза, он зажмурился, но не шелохнулся. Зрачки приспособились к свету, и он увидел, что человек присел на корточки и смотрит на него. Пакс застыл с поднятой лапой, с банкой в зубах, изучая лицо человека так же пристально, как тот изучал его морду.

Человек хмыкнул, потёр подбородок. Издал смешок. Пакс опустил лапу на дюйм, не отводя напряжённого взгляда. Отец его мальчика снова хохотнул, потом встал, приподнял полог палатки и пнул ботинком открывшееся отверстие.

Пакс знал, что это значит. Этот человек часто подавал ему такой знак — и у дверей своего дома, и у его загородки. *Проходи*, означал знак. *Проходи быстро, и тогда я тебе ничего не сделаю.* Этот уговор был надёжен. Пакс вылетел из палатки в безопасность ночи.

Не останавливаясь, он взбежал на холм. Там, наверху, он зарыл банку и сел понаблюдать за лагерем в предрассветной мгле. Хотя он был уверен, что никто за ним не погнался, он направился на восток и добрый час петлял по лесу, прежде чем спуститься по собственным следам к реке.

Когда он вернулся, Мелкий не спал и в первый раз после взрыва пытался подняться. Игла заставила его снова лечь.

Но Пакс видел, что губы маленького лиса потрескались, а глаза запали. *Ему нужна вода.*

Игла посмотрела в сторону реки. Для здорового лиса всего дюжина полных прыжков, но Мелкий... Дойдёт ли он?

Маленький лис подтянул передние ноги, напряг бёдра и попытался встать, затем изумлённо оглянулся. Нога, которая всю его жизнь была такой же неотъемлемой его частью, как запах, — исчезла. Он изогнулся и понюхал рану. Поднял глаза на Пакса и Иглу, словно в поиске объяснений.

Он снова попытался сделать шаг. Единственная задняя нога подкосилась, и Мелкий, заскулив от боли, опрокинулся на раненое бедро.

Пакс прыгнул к нему и встал рядом, вплотную.

Мелкий опять поднялся на передние ноги и потом выпрямил единственную заднюю.

И снова опрокинулся. Но на этот раз он упал на надёжный бок Пакса и не вскрикнул. Он, пошатываясь, искал равновесие.

Когда он его нашёл, Пакс сделал один-единственный шаг в направлении воды и стал ждать.

Мелкий подался вперёд. Сначала передние ноги. Потом шажок задней ногой. Подтянуться, подпрыгнуть. И завалиться на бок Пакса.

Пакс сделал ещё шаг. И маленький лис тоже сделал шаг. Потом ещё. И ещё, пока не перестал падать.

Игла бежала впереди них. И, шажок за шажком, Мелкий преодолел расстояние до реки. Он повалился на берег и, вытянув шею, стал лакать прохладную воду.

Утолив жажду, он опустил голову, и глаза его закрылись. Но Игла куснула его. Скоро станет совсем светло, и его увидят! Она побежала вверх по течению, к зарослям тростника.

Мелкий похромал за ней. Он был ещё неуклюж, и дрожал, и медлил, но не упал ни разу. Пакс шёл рядом. Как только они достигли зарослей, Пакс вздрогнул, услышав треск кустарника внизу. Игла тоже рывком повернула голову и нацелила острые уши на то же место за рекой. Оттуда приближалось что-то большое.

Мелкий опустил голову и понюхал улитку.

Пакс и Игла отступили обратно в заросли. Игла позвала брата. Он и головы не повернул.

Из леса выскочил олень, вскинул рогатую голову и с плеском пошёл вброд.

Игла опять позвала брата, и он опять словно не заметил её.

Олень вышел из реки, процокал по каменистому берегу, направляясь к яркой траве на невыжженной части поля. Он поднял копыто над кромкой этой травы, а когда опустил его, земля содрогнулась. Трава взлетела вверх, и олень тоже, и его спина изогнулась и надломилась.

Мелкий, напуганный сотрясением, пронзительно вскрикнул. Игла и Пакс увели его в тёмную тростниковую прохладу и утешали, пока он не убедился, что опасность миновала.

Лисы смотрели, как солдаты сбегáют по склону, скользя своими лучами по бесформенной груде в поле, и как потом возвращаются назад. К тому времени как над соснами поднялось розовое солнце, огромные пятна травы догорали, потрескивая. Полевые мыши метались в поисках речного берега с его безопасной прохладой. Ослеплённые и растерянные, они были бы лёгкой добычей, но Игла не покушалась на них — словно подчинялась некоему закону, защищавшему всех, кто охвачен страхом.

Она встала и обвела взглядом дымящееся поле.

*Надо уходить. Сейчас же.*

Пакс знал, что она права. Он вслед за ней вышел из тростника. Игла опять позвала Мелкого, который наблюдал за мечущейся полёвкой. Но он и ухом не повёл.

И тогда Пакс понял. *Мелкий оглох.*

Когда Питер вошёл в кухню, Вола уже пила кофе. Спала она явно не больше него: он слышал, как в полночь она ушла в сарай и как вернулась уже перед самым рассветом. Вола подняла кружку.

— Позавтракаешь перед отъездом?

Он помотал головой. Она кивнула, взяла у него рюкзак и запихнула туда коричневый бумажный пакет.

— Сначала съешь бутерброды с ветчиной — она быстро портится. В баночке мазь — будешь накладывать дважды в день. Термос я наполнила, но ты всё равно ищи родники. И смотри не намочи гипс. Я серьёзно. В дождь обматывай его мусорным пакетом.

Она поставила рюкзак на пол, и Питер заметил: на ней две туфли.

— Ага. Вы его надели.

— Условие номер один. — Она приподняла штанину.

— Ничего себе, — выговорил Питер, придя в себя. — Святой *дьяблеман!* А старый где?

Она кивком головы указала в сторону кресла, к которому была прислонена деревянная нога.

— Ну, что с ней делать будем? К пугалу пристегнём?

— Никаких пугал, — ответил Питер с мгновенно возникшей уверенностью и показал на камин. — Феникс. Помните? Всё старое должно сгореть в гнезде.

Вола вздохнула, но пошла за ним. Питер поворошил тлеющие угли и добавил растопки. Вола принесла деревянный протез. Он почему-то уменьшился, так показалось Питеру. Кожаные крепления походили на ремешки, удерживавшие кисти рук и ступни марионеток.

— Всё в порядке? — спросил он.

— В полном. — Вола положила деревянную ногу в огонь, и оба смотрели, пока она не занялась пламенем.

Вола ушла от камина первой.

Какой плавной стала её походка с новым протезом, подумал Питер. Даже и не догадаешься. Он придвинул к камину защитный экран. Когда она вернётся домой, в камине не останется ничего, кроме горстки золы.

— С остальными двумя условиями тоже порядок? Выдержите? — спросил он, хромая вслед за ней на кухню.

— Это мы выясним в библиотеке. Кстати, я уже загрузила трактор.

— Трактор?

— А как ещё, по-твоему, мы отвезём в город двадцать марионеток?

— Мы поедем в библиотеку на тракторе?

— Мы поедем в библиотеку на тракторе. Если, конечно, у тебя нет ковра-самолёта, о котором ты забыл мне сообщить. И нам скоро пора выходить, чтобы успеть на автобус, так что... Ты готов?

— Да. Я взял всё, что мне нужно.

— Э-э-э... не совсем. — Она пошарила за дверью и достала из угла вещь, при виде которой Питер онемел.

— Ты знаешь, что это такое, правда же?

Бейсбольная бита была идеально гладкой, такой прочной и такой удобной, что, пока он взвешивал её в руке, сам мир, казалось, замедлил ход.

— Вы её сделали! Но мне не нужна...

— Нужна. Думаю, что там, куда ты идёшь, она тебе пригодится. Зачем — сам разберёшься.

Питеру отчаянно хотелось вернуть ей биту. Но Вола вырезáла её всю ночь и теперь явно гордилась собой. Может, и правда ему пора снова заиметь собственную биту. Балансируя на костылях, он сделал очень медленный, словно в замедленном кадре, замах.

И опять нахлынуло плохое воспоминание, второе.

Ему семь лет, и он в гневе. Ярость, которую он не умеет обуздать. Нарастающий страх перед этой яростью. Мамин голубой хрустальный шар, который он битой сбивает с подставки, и шар разлетается на миллион осколков. Её слёзы: «Ты должен научиться укрощать свой норов. Не будь как он». Её окровавленные пальцы, извлекающие из белых роз голубые стеклянные кинжалы. Его стыд, когда он смотрит, как она садится за руль и уезжает.

Он сунул биту в рюкзак. Она легла так, как будто там всегда было её место. Какое коварство.

Питер поднял рюкзак, взвалил на спину. Заметил на полу газету с той самой статьёй. Взял её в руки и скользнул взглядом по дате.

Он рухнул на стул и скорчился, как будто от удара ногой в живот.

— Что?

— Он знал. — Питер передвинул к ней по столу газетный листок. — Он *знал*. Этой статье двенадцать дней. Выходит, когда мы оставляли там Пакса, отец уже знал. — Дышать было больно; при вдохе в лёгкие словно вонзались ножи. — Когда я попросил оставить Пакса на дороге к старой фабрике, потому что там безопаснее, он *знал*.

Ладони у Питера горели. Он посмотрел на них и увидел, что они крепко сжаты в кулаки. Он разжал их усилием воли.

— Как он мог?!

Вола подошла и внимательно посмотрела на него.

— Мне жаль, — сказала она. — Это очень, очень плохо.

Он стиснул челюсти с такой силой, что показалось: сейчас расколются зубы. И, опять усилием воли, заставил себя открыть рот:

— Как можно было так поступить?

— Я знаю, что ты злишься...

Кулаки Питера снова сжались, ногти впились в натруженные ладони. Он зажал руки между колен.

— Нет. Я вам сказал. Я никогда не злюсь. Я не такой, как он. И не буду таким.

Вола села напротив.

— Да. Понимаю. Теперь — понимаю. Но, боюсь, не получится. Ты человек, а люди испытывают гнев.

— Только не я. Это слишком опасно.

Вола откинула голову и опять издала свой пугающий не то смех, не то лай.

— А чувства вообще опасны, представь себе! Любовь, надежда... Да, вот именно, надежда! Опасно, видите ли! Нет уж, от чувств никуда не деться. Зверь по имени гнев живёт в каждом из нас. Можно его заставить служить нам: гнев на зло превращает его в добро, гнев на несправедливость превращает её в справедливость. Но сначала каждый должен сам разобраться, как направить свой гнев в нужное русло.

Питер почувствовал, что его проводка задымилась и начала пощёлкивать.

— Один раз, хотя бы один-единственный раз можно не заявлять мне, что я должен сам разобраться? Один раз в жизни можно помочь человеку? Я ухожу, а вы тут остаётесь со всей этой... — он махнул рукой в сторону карточек над столом, — со всей этой мудростью. Что с вами случится, если вы мне на прощание хоть что-то посоветуете?

— Что ты хочешь? Чтобы я выдала тебе на дорожку карточку философского бинго? Типа «если учуял в лесу запах мёда — беги, медведь близко»?

— Вроде того. Только по-настоящему.

— Ну, если по-настоящему, то у меня нет никаких волшебных путеводных нитей. Это твой путь, не мой. Но, раз уж ты об этом заговорил, у меня и правда есть для тебя карточка.

Она сорвала со стены карточку и вручила ему.

— Но она пустая.

— Это пока. В таком долгом походе ты наверняка найдёшь, чем её заполнить. Запишешь туда истину о самом себе, которую сам же и откроешь.

На этих словах Питер внезапно ощутил страшную усталость, как будто много лет ни на миг не позволял себе расслабиться. Слишком уж долго он был сам по себе, один.

Вола посмотрела на него изучающе.

— Мир всегда прорастает единением, мальчик. Двое, но не двое. Оно есть всегда — это сплетение корней, этот гул. Я не могу быть его частью; это цена, которую я плачу за свой уход. Но ты — ты можешь. Твоё сердце будет биться в унисон. Ты можешь быть один. Но ты не будешь *одинок*.

— А если я потеряюсь?

— Ты не потеряешься.

— Мне кажется, я уже потерялся.

Вола потянулась через стол, обхватила его голову ладонями и сдавила.

— Нет. Ты нашёлся.

Она встала и, проходя мимо него, легонько поцеловала в макушку.

* * *

Трактор оказался не таким уж неудобным видом транспорта. Но при этом медленным, трясучим и громким — громким настолько, что, хотя Питер и сидел вплотную к Воле, поговорить было невозможно. Питера это не слишком огорчило — ему было о чём подумать. Даже когда они свернули на ровное шоссе, Вола продолжала молчать, и Питер рассудил, что и она погружена в свои мысли. Но когда она показала пальцем на ястреба, нарезáвшего круги у них над головами, он вспомнил одну вещь, про которую давно хотел спросить.

— А что у вас такое с птицами? Все эти перья...

Вола погладила пучок перьев на своём кожаном шнурке и улыбнулась.

— *Ти Пуль.* Родители говорили, что, когда я родилась, я была точь-в-точь птенец: торчащие перьями волосы, тощенькая шейка, и к тому же я днём и ночью пищала, требуя еды. Во мне есть креольская кровь, есть итальянская и ещё с полдюжины других кровей — все эти народы почитают птиц. И мама с папой дали мне имя Вола — по-итальянски это значит «летит», — но сами называли меня Ти Пуль — «Цыплёночек». Мои курочки дарят мне перья, и я ношу их в знак того, что, когда я родилась, во мне увидели птицу. Только и всего. Очень простая история.

Очень простая, но очень хорошая, подумал Питер. Теперь понятно, почему у Волы всегда делалось такое лицо, когда она брала в руки птицу Рух. Наверное, с этой куклой ей будет труднее всего расстаться.

Он оглянулся на четыре длинных дощатых ящика за сиденьем, в которые были уложены марионетки. Питер надеялся, что эти ящики не напоминают Воле гробы. Они живые, эти её удивительные куклы, они должны жить — жить по-настоящему, в реальном мире, а не только в сарае, где их представления больше похожи на епитимью.

И, может быть, Вола тоже захочет жить в реальном мире. Но про это, наверное, лучше не спрашивать, иначе будет уже чересчур.

Он всё ещё думал об этом, когда трактор дотарахтел до парковки перед библиотекой, где занял сразу три парковочных места.

Вола выбралась из кабины и подхватила один из ящиков. Питер последовал за ней, но на широких кирпичных ступенях остановился и тронул её за плечо.

— Знаете что, — прошептал он, — тут надо быть поосторожнее.

— Поосторожнее?

— Ну в смысле... со словами. Понимаете?

Вола смотрела на него в недоумении. Придётся сказать это вслух, подумал он.

— Ну, это такое место, где не принято говорить «дьяблеман».

— Ой, умоляю тебя, мальчик. Можно подумать, я этого не знаю. — Тон был сухой, но за ним скрывалась улыбка.

Питер открыл дверь и пропустил Волу вперёд.

Библиотекарша была похожа на пригоршню драгоценностей: яркий коралловый шарф, золотая шёлковая блуза, сапфирово-синяя юбка. Она улыбнулась Воле, помогла поставить ящик на стол, и, когда с него сняли крышку, рот библиотекарши сложился в идеальную букву О. Питер вспомнил, что он тоже лишился дара речи, когда впервые увидел этих марионеток. Он выскользнул за дверь, чтобы не смущать Волу.

Утренние облака разошлись, и небо было таким ярким, что слепило глаза. Все звуки тоже казались яркими, громче, чем обычно, — может, потому, что вся неделя прошла в тишине. Собачий лай, дружелюбный щебет двух женщин, скрип велосипедных тормозов, крики детей на игровой площадке рядом с парковкой — как ему не хватало этих звуков! Ему не хватало мира. Может быть, Воле тоже не хватало его все эти годы?

Он направился к площадке — глянуть, как играют дети. По большей части они просто носились туда-сюда, прыгали со скамеек и запрыгивали обратно, шлёпали ладошками по качелям — это была какая-то выдуманная ими игра. Серьёзная девочка с соломенными волосами, собранными в хвост, одна сидела в песочнице и, хмуря лоб от усердия, пересыпáла песок из одной кучи в другую, лопатку за лопаткой. А на углу песочницы со скучающим видом, подперев голову рукой в бейсбольной перчатке, сидел мальчик в линялой красной футболке.

Тот самый шортстоп. С тренировки.

Питер подошёл ближе.

— Привет.

Мальчик поднял взгляд, потом встал, как будто готовясь к драке. Он указал взглядом на костыли:

— А я-то думал, куда ты подевался.

— Как сыграли?

Шортстоп презрительно усмехнулся.

— Можно подумать, ты не знаешь, что вы нас уделали. — Он взял у девочки лопатку и сунул ей в руки розовую кофту. — Держи. Идём домой.

— Постой! — Питер вдруг запаниковал. Может, и он сделался странным, пожив неделю в лесу? Но мальчик подхватил сестру на руки, вытащил из песочницы и поставил на землю, и они уже собирались уходить, и этого никак нельзя было допустить. — Погоди! Скажи... вот когда ты стоишь на поле и знаешь, *что* должен делать, и готов? Когда игра вот-вот начнется, и перчатка как будто часть руки, и ты точно знаешь, где должен быть? Ты знаешь это чувство? Такое... спокойствие. Мир.

Мальчик бросил на него хмурый взгляд, мотнул головой, как будто стряхивая с себя эту встречу, и зашагал прочь, таща сестрёнку за руку. Питер смотрел им вслед, чувствуя, что от него только что ускользнуло что-то ценное.

Однако у выхода с площадки шортстоп обернулся. Разглядеть выражение его лица было невозможно, но Питеру всё же показалось, что он уже не хмурится. Шортстоп поднял руку и вскинул вверх два пальца: мир. Питер сделал то же.

* * *

Когда он вернулся, библиотекарша распаковывала последний ящик. Откуда-то взялась стайка детей, встречавших каждую марионетку изумлёнными ахами и широкими улыбками. Вола молча стояла в сторонке, наблюдая. Потом повернулась уходить — и тут заметила Питера.

Он преградил ей путь костылём.

— Условие номер три? — спросил он, глазами показав на библиотекаршу.

Вола бросила на него взгляд, в котором смешались досада и признание своего поражения, и повернулась к библиотекарше:

— Забыла сказать, Биа: раз в неделю я буду приезжать. Буду учить детей, как управляться с марионетками.

Биа Букер улыбнулась медленной улыбкой, похожей на растопленную карамель:

— Это будет ужасно мило с вашей стороны.

Вола направилась к выходу, но Питер снова преградил ей путь.

Вола воздела руки:

— Ну теперь-то что?

Он поднял два пальца.

— Что? Ах так. Ладно. — Она вернулась к столу: — Биа. Два раза. Я буду приезжать два раза в неделю и заниматься с детьми.

Библиотекарша расплылась в улыбке:

— Дети будут в восторге! А я-то как буду рада почаще вас видеть, Вола! Может быть, сходим попить кофе после занятий?

Маленькая девочка с целым фонтаном крошечных косичек, украшенных бусинами, потянула Волу за комбинезон и показала пальцем на марионеточного слона.

— А как сделать, чтоб он танцевал?

Питер затаил дыхание: он догадывался, каким будет ответ. Но вместо того чтобы велеть девочке разбираться самой, Вола присела на корточки и взяла слона в руки. До чего же легко она стала двигаться с этим протезом, подумал он. Теперь у неё есть гибкий голеностопный сустав — и это так просто, раз — и присел. В скольких хороших вещах она себе отказывала!

— Почему ты думаешь, что он хочет танцевать? — спросила Вола.

— У него ноготки на ногах выкрашены красным лаком, как у меня. — Девочка пошевелила пальчиками в сандаликах. Потом встала на цыпочки, потянулась и погладила перья у Волы на кожаном шнурке.

Вола вздрогнула, и Питер снова испуганно затаил дыхание, но она только наклонилась и потрогала девочкино ожерелье из жёлтых пластмассовых бусин.

Потом она показала на часы над библиотекарским столом. На часах было почти одиннадцать.

— Сейчас у меня есть важное дело, но через полчаса я вернусь — и если ты ещё будешь тут, мы с тобой разберёмся, как научить его танцевать.

* * *

Когда, забрав рюкзак из-за сиденья трактора, они переходили на другую сторону улицы, автобус уже стоял на станции в ожидании пассажиров. Вола отправилась в кассу за билетом, а Питер — к группе людей, ожидавших посадки. По спине пробежал ток — это было то же волнение, которое охватывало его всякий раз, когда арбитр выкрикивал: «Мяч в игру!»

Вола вручила Питеру билет. На его ладони билет казался слишком маленьким — особенно в сравнении с той силой, которой обладал.

— Я доберусь, и я его найду. Спасибо вам.

Двери автобуса открылись, Вола заглянула внутрь и сурово нацелила палец на водителя:

— Роберт, этот мальчик мне родня. Он гостил у меня, а теперь едет домой. Смотри, довези его целым и невредимым.

Она отошла от дверей. В автобус, нетвёрдо ставя ноги на ступеньки, поднялась пожилая дама, за ней её спутник. Питер поправил рюкзак, поудобнее перехватил костыли и шагнул к дверям. Потом обернулся:

— Я вам родня?

— Уж в чём-чём, а в этом можешь не сомневаться. Давай, забирайся.

Ступеньки были высокие, но Питер с лёгкостью их преодолел. Он сел на переднее сиденье и через замызганное окно показал Воле два больших пальца. Теперь он сильный. Теперь он готов ко всему. Но, когда дверь автобуса с шипением закрылась, Питер вцепился в подлокотники. Он представил, как у него сожмётся сердце, когда фигурка Волы будет становиться всё меньше и меньше.

Мотор заурчал, и Вола жестом показала Питеру, чтобы он отодвинул стекло.

— Мальчик! — позвала она, когда автобус начал отползать от бордюра. — Дверь на веранде будет открыта!

# 25

Пакс рыл.

С тех пор как они с Иглой отвели Мелкого вверх по склону ущелья, они по очереди его охраняли — такой у них был уговор. Они будут оберегать его, станут его сильными задними ногами, его чуткими ушами. Мелкий был в надёжном месте — он спокойно спал в заброшенной сурочьей норе, которую Игла для него расширила. И всё же Паксу было тревожно. Что-то приближалось. Он нёс свою вахту перед норой и рыл. Подушечки его лап огрубели и больше не кровоточили.

Вернувшись с охоты, Игла положила перед ним бурундука. Но Пакс отвернулся, хотя не ел с того самого момента, как две ночи назад попробовал сыр. Он не станет отнимать еду у Иглы и Мелкого.

Игла прикопала бурундука и растянулась перед норой — настало её дежурство.

Пакс снова метался туда-сюда по поляне. Место было хорошее: хотя и недалеко от лагеря, но выше его, достаточно высоко для того, чтобы не бояться взрывов у реки. Можжевеловые кусты, окружавшие поляну, послужат хорошим укрытием — и, что ещё важнее, помогут скрыть лисий запах. Неподалёку в скальной расщелине был родник с чистой водой, а трава кишела мелкой дичью.

Но всё же что-то было не так. Что-то приближалось.

Пакс в несколько прыжков взлетел между деревьями на гребень холма над лагерем.

После встречи с отцом своего мальчика он опасался предпринимать новый набег на палатку с едой. Но в то же время его теперь ещё сильнее тянуло к лагерю. То движение человека — тот взмах ногой в сторону выхода, одновременно снисходительный и угрожающий, — напомнил Паксу, что он должен защищать своего мальчика. А если отец мальчика живёт в лагере, то и сам мальчик рано или поздно туда придёт.

Время было послеобеденное. Пакс наблюдал, как больные войной рассредоточиваются вдоль берега, разматывают новые и новые провода, копают новые и новые ямы и зарывают в них под жарким солнцем новые и новые тёмные ящики. Пахло потом и угрозой.

Однако та угроза, которая тревожила сейчас Пакса, была опаснее и ближе. И проще. Он помчался назад и снова стал носиться по поляне.

Увидев, как Мелкий, щурясь, вылезает из норы, Пакс поспешил его осмотреть. Кровь из раны не сочилась, запах был чистый. Едой, которую выкопала для него Игла, Мелкий не заинтересовался. Пакс понял, что маленький лис хочет пить.

*Я отведу его к роднику.*

Игла не пошла за ними, но села и следила очень внимательно.

Когда они вернулись, Мелкий скатился назад в нору. Пакс устроился перед входом — сурочья нора казалась слишком большой, слишком открытой, и ему было спокойнее, когда он охранял вход, — но Игла позвала его.

*Идём со мной. Смотри.*

Она ступила в траву, осторожно и беззвучно поднимая и опуская лапы, её голова была низко опущена, почти прижата к земле. Пакс так же бесшумно следовал за ней. В середине поляны

Игла застыла, вытянув уши вперёд, и, оглянувшись, бросила короткий взгляд на Пакса.

И Пакс услышал. Легчайший бег под переплетениями сухой травы, устилавшей землю. Игла следила за этим бéгом так, словно видела его. Потом пружиной взлетела в воздух, спикировала вниз, вытянув лапы над носом, и тут же вынырнула из травы с мышью в зубах.

Она расправилась с ней в два укуса и зигзагом пересекла поляну в обратном направлении, продолжая поиски. Села, наклонила голову влево.

*Теперь ты.*

Пакс вслушивался, пока не убедился, что уловил этот же суетливый шорох. Подпрыгнуть высоко — лапы над носом, — нырнуть в траву, как Игла... Он больно приземлился. Никакой мыши. Он отвернулся, чтобы почиститься.

Игла пошла прочь. Он понуро поплёлся за ней, но тут она опять навострила уши, заметив слабое движение. И снова отступила в сторону.

Пакс снова попытался прыгнуть. Ничего.

Пакс счищал грязь со щёк. Игла смотрела.

*Иди за мной.*

Пакс следовал за ней, пока она не замерла на месте и не присела. Перед ними среди густой травы в земле зияла дырка. Тёплая, со свежим густым мышьим запахом. Много мышей. Игла велела ему оставаться на месте. *Не двигайся. Наблюдай.* А сама поползла вперёд.

Перед ямой она припала к земле и положила голову на лапы. Прикрыла глаза — они превратились в щёлочки, — и всё её тело расслабилось, словно в глубоком сне.

Пакс удивился — он думал, она собирается учить его охотиться. Он встал. Игла кончиком своего опалённого хвоста подала ему знак. *Ни с места.* Пакс снова затаился.

Секунды тянулись долго, ничего не происходило. Потом Пакс уловил у выхода из норки еле-еле заметное шевеление. Крохотный дрожащий нос втянул в себя воздух и исчез. Ещё одно долгое мгновение — и мышь появилась снова. Движения её были легки и осторожны, Пакс понимал: миг — и она скроется в своей норке. Игла не шелохнулась, только слабо дрогнуло веко, когда она бросила на Пакса предостерегающий взгляд.

Мышь ещё дважды появлялась и исчезала. Затем, убедившись, что лисица спит, попыталась проскочить мимо. Проворная лапа Иглы сгребла обречённого зверька и забросила в пасть.

Пакс понял.

Игла отправилась назад, охранять Мелкого, а Пакс потрусил на полянку, полный решимости отыскать такую же норку в земле и попробовать самому. Он нашёл её рядом с гниющим бревном и втянул густой запах колонии полевых мышей. Расположился поблизости — на расстоянии лисьей ноги.

От волнения ему было трудно оставаться неподвижным, но наконец мышь всё же высунулась и понюхала воздух. Как и мышка Иглы, она метнулась обратно при виде лиса. Как и мышка Иглы, она появлялась ещё несколько раз, прежде чем уверилась, что Пакс спит, и осмелилась выбежать.

Пакс оказался не таким ловким, как Игла. Но ему удалось сбить мышь с ног, и, пока та пыталась перевернуться, он снова накрыл её лапой. И поймал свою первую добычу.

Еды получилось совсем немного, но каждый укус горячим потоком струился по телу Пакса. Мышиная жизнь сливалась с его собственной. В мышцах запульсировала энергия.

Он высоко подпрыгнул, радостно обежал поляну, вспышкой рыжего меха промчался мимо Иглы. Она приподнялась посмотреть, что происходит. Пакс снова промчался мимо неё, едва касаясь земли, но для ликования, которое он испытывал, этого было недостаточно.

В центре поляны росло под углом старое, корявое амбровое дерево. Его нижние ветки торчали во все стороны над дуплом, верхние поблёскивали синим — там кормились сойки.

Пакс взлетел на ствол, легко взобрался на самую нижнюю ветку и немного побалансировал, а потом двинулся по ней дальше, осторожно, шаг за шагом.

Листья приветливо шелестели вокруг него — душистые зелёные звёзды. Он смотрел сквозь них в изумлении. Мир изменился. С этого наблюдательного пункта он видел и деревья на холме, и — сквозь них — военный лагерь, и реку вдалеке. Луговая трава, которая только что щекотала ему плечи, теперь, казалось, разгладилась, и поляна превратилась в широкую зелёную чашу. Сойки слетели вниз и теперь кричали на него — ругались.

Пакс вспомнил полёт Мелкого. Он сгруппировался — и взлетел, вытянулся в полёте всем телом, ощутил, как ветер колышет мех на брюхе. Мягко приземлился, откинул голову и залаял от счастья.

Этот новый мир принадлежал ему. Он мог бежать по нему куда угодно, мог наслаждаться его сокровищами сколько угодно. Он был частью его, он был свободен. Но не одинок.

Пакс поспешил к месту, где он зарыл банку из-под арахиса, и откопал её. Он отнёс её назад и поставил перед Иглой и Мелким, дремавшими у входа в нору в последних лучах заходящего солнца.

От необычного запаха оба мгновенно проснулись. Первой встала Игла.

Она подтолкнула банку носом и отскочила назад, потому что банка неожиданно покатилась. Она обнюхала её со всех сторон, тронула языком — и сразу всё поняла. Она зажала банку в лапах, за считанные секунды вылизала верхнюю половину, потом просунула морду глубже.

Паксу тоже доводилось так делать. *Будь осторожна! Можно застрять!*

Поздно. Игла взвилась и стала мотать головой из стороны в сторону, но банка засела крепко. Игла прыгала на задних лапах, пытаясь передними сорвать банку с морды, потом принялась кувыркаться.

Мелкий смотрел на сестру изумлённо. Раньше она никогда не теряла самообладания.

Пакс приблизился, предлагая помощь. Но Игла отстранилась: справится сама! Наконец она перекатилась на спину и сдёрнула банку задними лапами. Она отряхнулась и гордо пошла назад, высоко держа голову и хвост. Потом устроилась рядом с Паксом и принялась умываться.

Игла никогда ещё не сидела так близко к нему, привалившись бедром к его бедру. Запах её никогда ещё не был таким дружелюбным. На её белой щеке осталась коричневая полоска, и Пакс, не задумываясь, потянулся и слизнул её.

И Игла ему это позволила.

Пакс вымыл ей уши, шею, морду. Игла ответила ему тем же. Щека к щеке лисы вылизывали друг друга. Потом Игла остановилась и тщательно обнюхала Пакса.

*Ты больше не пахнешь людьми.*

Пакс не ответил. Он вскочил и понюхал воздух. С сумерками на поляну пришло что-то опасное. Животный запах, незнакомый, пугающий. Запах исчез так же быстро, как появился, но Пакс залаял и обернулся к Мелкому.

*В нору. Быстро.*

— Парень!

Питер обернулся так круто, что чуть не упал. Он был уверен, что на караульном посту никого нет: он ведь выждал для верности целых десять минут, прежде чем покинуть своё укрытие.

Солдат, вышедший из-за грузовика, указал прикладом винтовки на знак, повешенный на цепи над баррикадой: «Вход воспрещён».

Питер выпрямился, чтобы казаться выше, насколько позволяли костыли. Он уже два дня ни с кем не разговаривал. Два дня прошло с тех пор, как водитель автобуса сказал: «Не знаю, сынок, что ты удумал, но сомневаюсь я, что это хорошая затея. Если хочешь, могу сегодня вечером подбросить тебя обратно. Стыдиться тут нечего», и Питер ответил: «Нет, не надо, спасибо», — потому что вернуться обратно — это как раз был бы стыд и позор, а водитель на это сказал: «Ладно, тогда удачи», — и выпустил его из автобуса.

Позавчера вечером с ним никто не заговаривал, ни одна живая душа. Первый городок располагался на внешней границе зоны эвакуации, и в нём изредка встречались прохожие, но они опускали глаза и ускоряли шаг, будто не могли позволить себе вступить в разговор с кем-то, кто, возможно, нуждается в помощи. *Здесь нечем поделиться,* говорил их вид. *Здесь всё уже потеряно.*

Весь вчерашний день, от рассвета и до темноты, — и бóльшую часть сегодняшнего утра тоже — он шёл по улицам опустевших городов, мимо покинутых школ и детских площадок, мимо пустых домов и зловеще тихих дворов — ни скрипучих трёхколёсных велосипедов, ни автомобильных радиоприёмников, ни шумных игр в мяч. Единственным знакомым звуком было журчание воды в поливочном шланге, когда он наполнял свой термос.

Людей он не встречал, но встречал покинутых ими животных. Пугливый пони, щиплющий травку перед церковью. Собаки, недобро посматривающие на Питера из-за мусорных баков. Десятки бесшумно разбегающихся тощих кошек с впалыми, точно ложки, боками.

— Эй, парень! — Солдат приблизился, окинул взглядом самодельные костыли Питера, потрескавшийся гипс, грязную одежду. — Мы эвакуировали этот район почти две недели назад. Ты что, не знаешь?

— Я знаю. Но я тут кое-кого оставил. И теперь за ним вернулся.

— Можешь не волноваться. Мы проверили по спискам — людей не осталось.

— А он не человек. — Питер вызывающе вздёрнул подбородок, готовый дать отпор солдату, как только тот скажет, что, раз не человек, то нечего и беспокоиться.

Но произошло совсем другое. Лицо солдата смягчилось и как-то помолодело, и стало ясно, что он, пожалуй, совсем недавно закончил школу.

Солдат опустил винтовку, и она снова повисла на ремне.

— У меня тоже есть пёс. Генри.

С минуту он ничего больше не говорил, только смотрел на дорогу, как будто надеялся, что его пёс внезапно на ней появится. Потом повернулся обратно к Питеру и вздохнул.

— Боюсь, что его никто не выгуливает. Сестра обещала, но она работает. Хочешь, покажу его фото?

Он вытащил бумажник ещё до того, как Питер успел кивнуть. Протянул ему фотографию. Бигль. Самый обычный бигль. У Питера сжалось горло. Уголки фотографии были мягкие, стёртые — наверное, её часто вынимали посмотреть.

— Вот он, Генри. Мне его подарили на день рождения, когда мне исполнилось восемь. Теперь у него проблемы с тазом, но, знаешь, он всё равно любит гулять. Бе́лок вынюхивать и всё такое. Я говорил сестре, но... Генри не понимает, куда я девался, в этом вся беда. Целыми днями лежит под дверью и ждёт меня. А у тебя какой? Опиши его — вдруг увижу? Я буду смотреть в оба!

— Пакс не... — Питер осёкся. Если не имеет значения, что Пакс не человек, почему должно иметь значение, что он не собака? — Он рыжий. А ноги чёрные.

— А размера он какого? А то сейчас полно койотов. В это время года у них рождаются детёныши. Небольшую собаку они могут и загрызть, когда защищают потомство.

— Пакс совсем небольшой. — Питер сместил центр тяжести, чтобы разгрузить ладони, уже покрывшиеся волдырями. — Пожалуйста! Я очень долго шёл сюда.

Солдат с минуту смотрел на фотографию, прежде чем спрятать её в бумажник. Когда он наконец перевёл взгляд на Питера, лицо его снова стало казаться старше.

— Мы их сдерживаем. Но они наступают. Тебе нужно будет вернуться до завтра. — Он показал на костыли. — Сможешь?

— Смогу. Так вы... вы меня пустите?

Солдат огляделся по сторонам и наклонился к Питеру.

— По этой дороге патруль проходит каждый час, но мы охраняем только основные маршруты. В лесу постов пока нет. Пройдёшь на двадцать ярдов вглубь — и там тебя уже никто не остановит. Но имей в виду: если попадёшься — я тебе ничего не говорил. А теперь давай быстро.

— Спасибо. — Питер развернулся и пошагал к лесу, пока солдат не передумал.

— Парень. Надеюсь, ты его найдёшь.

* * *

В лесу было тихо, и эта тишина была хорошая, правильная. Её нарушали звуки жизни, они дарили надежду. Здесь Питеру легко было представить, что под деревом вот-вот мелькнёт Паксов рыжий мех. И, когда он звал своего лиса, здесь легко было представить ответный тяв. Это так подняло ему настроение, что он почти не замечал боли в ладонях и подмышках, которые стёрлись и кровоточили.

Не меньше часа он шагал без остановок; земля, на которую десятилетиями сыпались сосновые иголки, мягко пружинила. Услышав рёв джипа, он нырнул под какой-то куст и не высовывался, пока автомобиль не промчался мимо. После этого он держался ближе к дороге, чтобы, если снова появится патруль, увидеть его издалека и успеть спрятаться.

А потом он пришёл туда, куда шёл.

Он узнал не само место и не внезапную прямизну извилистой дороги. Он узнал витавший в воздухе дух предательства. Здесь, в этом месте, он сделал ужасное, и место это запомнило.

— Пакс! — закричал он. Пусть слышат, ему всё равно. Пусть приходят джипы, пусть хоть целая армия. Он никуда не уйдёт без своего лиса. — *Пакс!* — После каждого зова тишина становилась ещё глубже. Но надежды в ней больше не было. Теперь она была зловещей.

Он снова побежал по дороге, зовя и не сводя глаз с усыпанных гравием обочин. Он был уверен, что, когда машина рванула прочь, у Пакса во рту был пластмассовый солдатик. А значит, рано или поздно, потеряв веру в него, Питера, Пакс бросил солдатика. Питеру хотелось снова взять солдатика в руку — как весомое доказательство того, что его лис *был* здесь.

Он прошёл четверть мили, полмили, не отрывая глаз от земли. А потом вдруг застыл как вкопанный. Он не найдёт солдатика. Потому что Пакс *не мог* потерять веру. Ни за что. Паксу просто не пришло бы в голову, что Питер его бросил, — они ведь неразделимы. Пакс всегда это знал. Если кому и надо было хорошенько это усвоить, так это ему, Питеру.

Раз Пакса тут нет, значит, он отправился домой искать Питера, или хотя бы попытался это сделать. Возможно, река стала для него препятствием, а возможно, и нет. Собаки добираются домой при самых невероятных обстоятельствах, когда шансы равны нулю. А Пакс в десять раз умнее любой собаки — так неужто он не отыщет путь? Может, сейчас он как раз уже дома.

Дома. Дом примерно в десяти милях юго-восточнее старой фабрики. А фабрика, кажется, в четырёх-пяти милях к югу от того места, где он сейчас.

Значит, он пойдёт на юг и будет всё время звать Пакса. Спускаться в темноте по склону ущелья, что рядом с фабрикой, слишком опасно, так что он заночует сегодня наверху, а спустится уже на рассвете. Он переправится через реку там, где она у фабрики расширяется, потом ещё десять миль знакомых лесных троп — и он дома.

— Держись, — сказал он вслух. — Я иду.

# 27

Пакс вздрогнул во сне и проснулся. Его мальчик рядом! Лис вскочил на ноги, разбудив дремавшую подле него Иглу, и начал обыскивать поляну в поисках запаха Питера.

Безрезультатно.

Пакс взбежал на холм, понёсся между деревьями. Он не увидел мальчика среди больных войной. Он не услышал голоса Питера среди шёпотов и криков. Он крадучись спустился по склону и обогнул лагерь, держась к нему настолько близко, насколько осмелился, обнюхивая его со всех сторон. Его мальчика там не было.

Но он был где-то рядом. Он шёл к своему лису.

Пакс вернулся к Игле и лёг. Но не уснул.

# 28

Питер почти час шёл на юг, уверенный, что и Пакс раньше пришёл сюда тем же путём. Но, выйдя из лесу, он остолбенел.

Широкий покатый луг раскинулся как минимум на милю вперёд, потом ещё милю продолжалась ровная зелёная низина. За ней шёл крутой подъем высотой в несколько сот футов, каменистый и уступчатый, как будто изрытый гигантской мотыгой. А дальше до горизонта тянулось лесистое плато, за которым было ущелье.

С тех пор как он проснулся, он прошагал девять часов, ни разу не задумавшись об отдыхе, но громадность расстояния, которое ему предстояло преодолеть, вмиг выкачала из него остатки энергии.

Он сбросил рюкзак и рухнул на землю.

Руки, девять часов державшие подручники костылей, задеревенели, пальцы скрючились, словно птичьи когти. Ему удалось их распрямить, но кожа на ладонях треснула. Волдыри были ещё вчера, потом они полопались, потом появились новые. Он полил горячие, пульсирующие ладони холодной водой из термоса и отодрал от них прилипшие полоски резины от шин. Потом надел на руки свою сменную пару носков и снова огляделся.

Глаз приметил впереди, на лугу, движение: в просвете между деревьями кто-то пробежал. Лис? Питер поднялся на колени.

— Пакс!

Снова движение. Но нет — кто бы там ни бегал, он был то ли серый, то ли бурый, не рыжий. Наверное, койот.

За этой мыслью последовал выброс адреналина, и тут же оказалось, что он, Питер, снова в пути: рюкзак бьёт по спине, костыли вворачиваются в травянистый склон. Всего через полчаса он уже пересекал топкое болотистое дно долины, двигался медленнее, но всё же двигался.

А потом перед ним встал крутой скалистый подъём. Нижний уступ — футов десять высотой. Издали казалось меньше.

Ни секунды не сомневаясь, он забросил наверх рюкзак и костыли — они громыхнули там о каменную площадку, — сунул пальцы в расщелину и подтянулся. Гипс скрежетал по шершавому камню, но руки и плечи благодаря «учебке Волы» стали сильными, и он сумел подтянуться и поставить ногу на плоскую опору. Оттуда он дотянулся до торчащего дерева, потом до ещё одной трещины в скале и наконец взгромоздился на первый уступ.

На подъём ушёл час: на каждый уступ надо было забросить костыли и рюкзак и подтянуться самому. Выбравшись на плато, задыхаясь и обливаясь пóтом, он упал на землю под высокой сосной. Одним глотком осушил термос и съел последний бутерброд с ветчиной. А потом открыл второй Волин свёрток.

Арахисовое масло. У Питера сжалось горло. Он вспомнил, как Пакс в первый раз нашёл в мусорном ведре пустую банку из-под арахисового масла. Лис просунул в неё морду и застрял, и Питер хохотал так, что у него потом болел живот. Он сунул бутерброд обратно в сумку, жалея, что не нашёл его днём раньше и не угостил собак, которые рылись в мусорных баках. И снова встал. Уже почти шесть, а ему ещё идти и идти.

Он шёл, и те собаки из воспоминаний, с голодными глазами, не оставляли его в покое, то и дело наскакивали, точно привидения, смотрели с укором. Жаль, что он не мог им сказать: я знаю, каково это, когда человек, который любил тебя и заботился о тебе, внезапно исчезает. И мир сразу становится полон опасностей.

Он потерял маму. А сколько детей, думал он, на этой неделе проснулись утром и увидели, что их миры изменились, родители ушли на войну и, может быть, никогда не вернутся. Это худшее, что может случиться; но ведь бывают и другие утраты. Сколько детей месяцами не видят старших братьев и сестёр? Сколько друзей расстаются? Сколько детей голодают? Сколько покинули родные дома? Скольких питомцев пришлось бросить на произвол судьбы?

Почему *этого* никто не считает? Разве это не военные потери? «Люди должны говорить правду о том, сколько стоит война», — сказала Вола...

Очнувшись от раздумий, Питер обнаружил, что опустились сумерки. Он занервничал: надо было заранее подыскать место для ночлега. Он круто развернулся, и левый костыль споткнулся о кучу камней. Питер упал сверху и услышал громкое *хрясь*. Мелькнула мысль: *ребро!* — но это был звук дерева, не кости. Поднимаясь, он всё ещё сжимал в руке верхнюю часть костыля. Нижняя отлетела на несколько шагов.

— *Дьяблеман!* — вырвалось у него совершенно естественно. Оказалось, это утешительное слово. Он попробовал другие ругательства, и они тоже звучали очень неплохо. Но темнеющий лес поглощал все звуки без малейшего эха, и от этого становилось не по себе. К тому же ему некогда было сейчас изливать свои чувства: нужно было чинить костыль, а светлого времени осталось совсем немного.

Кругом были деревья с прочными, крепкими сучьями, можно бы сложить две половинки костыля и примотать к ним такой сук изолентой — использовать его как шину. Да только топорика, чтобы срубить сук, у него не было. В поисках изоленты он вытащил из рюкзака бейсбольную биту — и тут же понял: вот оно, решение.

Питер соединил половинки костыля, положил на них биту и обмотал изолентой. Закончив, он проверил результат — навалился на костыль всем весом. Костыль выдержал. Вола была права — жаль, что он не может ей об этом сказать: там, куда он шёл, бита ему действительно пригодилась.

Он снова опустился на колени возле рюкзака. История с костылём кое-чему его научила, поэтому он сразу достал всё необходимое для ночлега. Потом вырыл в земле круглую ямку, заполнил её мелкими ветками и сухой травой. Поднёс спичку — сразу же занялся маленький костерок.

Питер подержал перочинный нож над пламенем, пока не решил, что уже достаточно простерилизовал лезвие, потом сжал зубы и рассёк ножом новые пузыри на ладонях. И задохнулся от пронзительной боли. Он смазал порезы Волиной мазью и глубоко дышал, пока боль не утихла. Травяной запах мази вмиг перенёс его в кухню Волы. Интересно, там ли она сейчас, подумал он. И как ей теперь живётся, когда эта тяжеленная нога больше не висит на ней якорем.

Можно было убрать нож, но Питер медлил. Отсветы последних языков костра плясали на лезвии. Он вспомнил, как впервые увидел Волин нож, как испугался, когда она выхватила им полоску древесины из своего протеза.

Питер закатал штанину джинсов, прижал плашмя лезвие ножа к ноге и попытался представить, как он отхватывает кусок собственной плоти — просто потому, что ему что-то в ней не понравилось.

Тут взвыл койот, и другой отозвался издали. Питер вздрогнул. Он повернул лезвие, так что холодное остриё упёрлось в кожу, и чиркнул. Надрез вышел всего в полдюйма, но боль обожгла огнём. Да, пожалуй, и у деревянной ноги есть свои преимущества.

Когда из пореза начала сочиться тёмная кровь, Питер размазал каплю, придав ей форму лиса в прыжке. Ногтем он вывел острый нос, потом уши, резким движением подушечки большого пальца — хвост.

Пакс. Завтра.

Лисья клятва на крови.

# 29

Брюхо Пакса округлилось от трёх мышей, из зубов свисала ондатра — его первая крупная добыча. Игле и Мелкому хватит её на целый день. Всю долгую ночь он охотился и теперь желал лишь одного — спать. Но по пути домой он, как и всегда, долго петлял и запутывал следы, чтобы сбить с толку случайного хищника. Они и без того были уязвимы: запах крови, оставшийся на земле с того дня, когда они вели Мелкого к сурочьей норе, был ещё свеж.

В первых лучах утреннего солнца видна была каждая травинка, и Пакс издалека заметил впереди движение. Игла. Почему-то она была на поляне в нескольких прыжках от норы, а не перед входом, где она обычно сидела, охраняя Мелкого. Пакс видел, как она высоко подскочила, изображая испуг, а потом шлёпнулась и принялась кататься по траве. Но ещё удивительнее было другое: из травы рядом с Иглой приподнялась голова Мелкого.

Мелкий был на поляне, не в норе. И он играл.

Пакс опустил добычу на землю. Позвал Иглу.

Мелкий повернул голову.

Пакс позвал снова, он хотел убедиться.

И Мелкий отозвался.

Он — слышит!

Облегчение Пакса было так велико, что какое-то время он не мог двигаться. Раньше он заботился только о своём мальчике, теперь же его переполняла любовь к лисе, которая щетинилась иглами, и к её тощему, искалеченному брату. И оба они сейчас были в безопасности.

Он понёсся к ним через поляну. Игла и Мелкий подвинулись, чтобы дать ему место посередине. Пакс повалился на спину, и Мелкий запрыгнул на него сверху. Пакс мягко скатил его на землю, вслушиваясь: не больно ли ему, не хнычет ли? — но услышал только довольное мурлыканье.

Лисы играли целый час. Мелкий часто останавливался отдохнуть, и тогда остальные двое тоже останавливались, садились с двух сторон от него и ждали. И три лисьих носа, совсем как лютики в траве кругом, поднимались навстречу утреннему солнцу.

Но вдруг Игла вскочила на ноги и застыла, раздувая ноздри.

Пакс тоже учуял. Запах был знакомый — тот самый, угрожающий, который тревожил его уже два дня. Но уже не еле уловимая струйка, а мощный, стойкий запах, и он становился всё сильнее.

*Койот!* Игла прыгнула к норе — и тотчас метнулась обратно на поляну, к Мелкому. Пакс никогда не видел её в такой панике.

Три пары лисьих ушей вмиг развернулись в одну сторону: оттуда, шурша листвой и треща сучьями, приближалось существо, которому не нужно было таиться.

Существо поднималось из ущелья и направлялось на север. На поляну.

Койот шёл по следам Мелкого.

Игла толкнула брата носом и прокричала Паксу: *Охраняй его!*

Пакс отвёл Мелкого в нору. Мечась перед входом, он видел, как Игла, медленно, осторожно переставляя лапы, двинулась навстречу шороху. Остановилась и замерла: уши торчком, зад приподнят.

А потом прямо перед ней, в том месте, где они недавно вели Мелкого к воде и где можжевеловые кусты были ещё примяты, появился тёмный серо-бурый койот. Он шёл по следу, держа нос у самой земли.

Игла тявкнула. Койот вскинулся, оторвал нос от следа. Игла снова тявкнула и отпрыгнула на поляну.

Койот поднял голову и шагнул к ней. Но передумал и опять опустил нос к земле.

Инстинкт приказывал Паксу бежать. Койот — рослый, мощный самец, лис не может тягаться с таким крупным и опасным зверем. Но другой, более глубокий инстинкт говорил Паксу, что в норе за его спиной — беззащитный Мелкий.

Игла тоже игнорировала голос инстинкта, не убегала. Вместо этого она подскочила к койоту и вцепилась ему в бок.

Койот развернулся и щёлкнул зубами. Он едва коснулся кончика лисьей лапы — но Игла отбежала к поляне, скуля и сильно припадая на заднюю ногу. Койот дёрнулся за ней, присмотрелся внимательнее и, распознав лисьи уловки, пошёл дальше по следу.

Игла прыгнула ему наперерез, развернулась и, стоя перед койотом нос к носу, спина дугой, издала хриплый горловой рёв, какого Пакс ни разу от неё не слышал.

Койот на миг попятился, словно не веря, что маленькая лисица бросает ему вызов. Но тут же сгруппировался, изготовился к атаке и обнажил клыки.

Пакс напрягся, в горле его заклокотал глухой рык.

Мелкий в норе заскулил.

Большой зверь бросился на Иглу, сбил её с ног. Мгновение Пакс видел только мелькание меха, зубов и травы, слышал тявканье и рык. Игла вывернулась из хватки койота, отпрыгнула к центру поляны и остановилась недалеко, всего в одном прыжке. Убегать не стала.

Пакс понял, что она отвлекает хищника, хочет увести подальше от Мелкого. Она явно его заманивает: подпускает совсем близко, но не даётся, отбегает, снова подпускает.

Добравшись так до амбрового дерева, Игла вдруг развернулась и, в точности как недавно Пакс, запрыгнула на его наклонный ствол. Осторожно, не сводя глаз с рычащего зверя, она двинулась по нижней ветке вперёд; койот следовал за ней по земле. Добравшись до развилки и оказавшись высоко над его головой, лисица насмешливо зашипела.

Койот подпрыгнул, не достал, поискал, нет ли опоры для лап повыше, снова подпрыгнул. На этот раз он зацепился передними лапами за ветку и немного повисел. Упал. Изготовился, прыгнул снова.

Пакс видел, что продвинуться дальше по этой ветке Игла уже не сможет. Скоро койот либо сдёрнет её с дерева, либо, потеряв терпение, вернётся к тому самому следу на земле, от которого она пыталась его увести. И она бросится за ним и будет драться, пока он не разорвёт её в клочья.

*Сиди здесь!* — приказал он Мелкому. И ринулся на поляну.

Питер изумлённо разглядывал пейзаж.

У северной стены старой фабрики росла берёза. Они с друзьями прозвали её Пиратским деревом, потому что осенью, когда листья делались ярко-жёлтыми, казалось, что она вся покрыта золотыми монетами. Однажды он привязал к ней Пакса — они тогда играли в войну, лисёнку это не нравилось, он мешал игре. Пиратское дерево и теперь было на месте, только с ветвей его свисали какие-то чёрные клочья. Всё остальное вокруг, кроме стен фабрики, стало неузнаваемым.

Все деревья, что росли внизу, в поле у реки, были вывернуты с корнем, разбросаны, раздроблены, расщеплены, трава вокруг выжжена, по берегу бродили вороны, подбирали мёртвых окуней, и раков, и черепашек, и лягушек — пировали.

Больнее всего было смотреть на воду. Когда он был здесь в последний раз и нырял, вода была чистой и искрящейся, так что он мог рассмотреть бледно-зелёные стебли тростника, радужные чешуйки форели и даже прозрачно-голубые сеточки стрекозьих крыльев над поверхностью. Он плыл будто сквозь жидкий алмаз.

Сейчас река была забита илом и перегорожена валунами, образовавшаяся запруда была грязно-бурого цвета. Широкая речная отмель сузилась вдвое. Полоски ила у берегов, спекшиеся в сухую глину, пахли смертью.

Война велась за выход к воде — и при взгляде на эту воду становилось ясно, что такое война. Питер вспомнил, как Вола однажды спросила, на чьей стороне воюет его отец.

Питер ответил, потрясённый тем, что ей вообще пришёл в голову этот вопрос, и добавил негодующе:

— Он воюет за правое дело!

— Мальчик, — произнесла Вола. — Мальчик! — повторила она с нажимом, чтобы убедиться, что он её слышит. — Неужто ты думаешь, что в мировой истории был хотя бы один человек, который пошёл воевать за неправое дело?

Поднялся ветер и с завыванием понёсся по полю, вздымая пепел. Питер попытался представить, как он снова играет здесь. Пройдёт немало времени, прежде чем кому-то, хоть кому-нибудь, захочется тут играть.

Единственными живыми существами в поле зрения были бесшумно кружащие наверху стервятники. Всё вокруг было разорено — должно быть, они обжирались уже много дней. Питер наблюдал за ними, цепенея от этой скорбной сцены. Два стервятника вились над веткой тсуги у берега, видимо, решая, безопасно ли вернуться к трапезе, прерванной его появлением.

К трапезе, которой мог быть...

Питер страшился додумать эту мысль до конца, но и отбросить её он тоже не мог. Если Пакс был здесь, он, скорее всего, погиб. А если это так, стервятники укажут ему место.

Они кружили над тремя конкретными точками: одна была здесь, рядом, и ещё две — на другом берегу. Кружили медленно, лениво. Без всякой спешки. Их добыча никуда не убежит.

Питер сбросил с плеч рюкзак. Избавившись от тяжести, бросился к ветке тсуги — до неё было всего несколько шагов. Из-под ветки тянулось именно то, чего он боялся. Лисий хвост, с безошибочно узнаваемым белым кончиком. Питер приподнял его. Труп был уже обглодан стервятниками, но шкура осталась. Не рыжая. Нет, не рыжая — сероватая.

Не Пакс.

Питер судорожно вздохнул. От облегчения закружилась голова. Он спустился к реке, вошёл в воду. Когда вода была ему по пояс, костыли стали соскальзывать с покрытых склизкой грязью камней; он запустил их подальше на другой берег и нырнул. Впервые за почти две недели сломанная нога не мешала ему. Он плыл легко и уверенно.

Выбираться на берег оказалось труднее. Промокший и пропитанный грязью гипс весил, наверное, тонну и уже начал крошиться. Питер достал из кармана нож и кромсал гипс до тех пор, пока не освободил ногу. Она висела белая и безвольная, но отёк спал, и синяк почти прошёл.

Питер дополз до костылей и пристроил их под мышками. Выпрямившись в полный рост, он наконец увидел то, над чем кружило сразу несколько стервятников: труп оленя. Он вспомнил ту олениху, которую видел перед домом Волы: *«Вы, люди. Губите всё»*. И отвернулся.

И третья точка в поле, над которой кружил один-единственный стервятник — кружил низко, ярдах в двадцати над землёй. Питер направился к этой точке, стараясь ступать по выжженной траве — так было легче идти.

Поначалу он ничего не заметил на обугленной земле. И, лишь едва не наступив на неё, он увидел. Задняя нога. Без плоти, обгоревшая, но он всё равно знал, что это задняя нога. Тонкая, чёрная, с белой лапкой. Вверху чёрный мех переходил в светло-коричневый.

Лис.

Питер покачнулся на костылях. Может, это не Пакс? Нога слишком маленькая, Пакс крупнее. Если бы знать наверняка, подумал он, и тут же подумал: нет, лучше не знать. Какая разница, в конце концов? Какой-то лис жил здесь своей жизнью, а какие-то люди пришли и отняли у него жизнь — разве этого мало?

Он выроет могилу голыми руками и похоронит останки.

Питер нагнулся. Стал расчищать клочок земли, раздвигая камни. И тут его рука наткнулась на что-то, отчего воздух в лёгких обратился в пепел.

Игрушечный солдатик прижимал к оливково-зелёной пластмассовой щеке ствол своей винтовки, целился в то, что оказалось на его пути.

Питер рухнул на землю.

— *Пакс!*

# 31

Пакс подскочил к дереву в тот миг, когда койот снова прыгнул — и на этот раз крепче уцепился за ветку. Пакс бросился, впился зубами в рябую шкуру и повис. Падая, койот погрузил зубы Паксу в плечо. Пакс вырвался и отступил к южному краю поляны, надеясь увести койота подальше от дерева, от норы, от лис, которых любил.

Но койот не последовал за ним. Он откинул голову и залаял. Потом снова устремил взгляд на Иглу.

Пакс припал к земле и пополз к дереву. Но вдруг замер и обернулся на звук, летящий со стороны лагеря.

Голос его мальчика?

Койот снова залаял, и на этот раз на его зов откликнулись. Из можжевеловых кустов, окружавших поляну, будто выросли три пары навострённых ушей. На поляну выбежал второй койот. Тоже самец, светлый и коренастый. Он огляделся и галопом помчался к дереву. Игла снова издала горловой рёв и вздыбила шерсть, но Пакс видел, что глаза её закатываются от страха. Второй койот поскрёб когтями ствол.

И тогда Пакс снова услышал тот же голос. Его мальчик звал его. Он кричал «Пакс!»

Он бросился вверх по склону, между деревьями. На гребне холма, над развалинами фабрики, он остановился.

От стен бежали больные войной, каждый держал палку, и все палки были нацелены на фигуру на поле. Темноволосый мальчик лежит скорчившись на выжженной земле. Мальчик. Его мальчик? Ветер дул на Пакса с севера и ничего не подсказывал.

Солдаты остановились, палки у них в руках по-прежнему угрожали. Мальчик поднялся. Он был высокий, но тело у него было не как у Питера — у этого мальчика были широко расправленные плечи, и он опирался на длинный шест. И, самое странное, голова этого мальчика не была наклонена — наоборот, мальчик держал её высоко поднятой. Он дерзко смотрел на солдат — Питер никогда так не смотрел — и грозил им кулаком.

Один из них побежал вниз, к полю — он двигался в точности как отец мальчика. Он что-то кричал, и голос был знакомый. Но потом он подошёл к мальчику и обнял его, а Пакс никогда не видел, чтобы отец мальчика так делал. Точно ли это его люди? Пакс попытался унюхать, но порыв ветра доносил до него только мускусный запах разъярённых койотов.

Он развернулся и помчался назад, на поляну.

# 32

Питер позволил отцу обнять себя. Столько лет он мечтал об этих объятиях, любящих и оберегающих. Плечи отца тряслись от рыданий, и Питеру хотелось успокоить его, сказать, что всё хорошо. Но всё не было хорошо. Руки его по прежнему были стиснуты — в одной руке он сжимал костыль, в другой солдатика.

Он отстранился:

— Что ты здесь делаешь? Ты же говорил, что будешь просто прокладывать проводку?

И тут он понял всё сразу. Почему война, но никто не наступает. Почему выжжена трава, вырваны с корнем деревья, задушена камнями река. Почему от лиса осталась одна-единственная нога, больше ничего.

— Ты знал. — Он сунул солдатика в карман и поднял с земли лисью ногу. — Ты знал, и ты это сделал! *Пакс!*

# 33

Паксу снова показалось, что он слышит голос своего мальчика. Он навострил уши в сторону лагеря. И тут ветер переменился и принёс Паксу все запахи.

Люди, больные войной, их пот, и порох, и соляровое масло, и обугленные поля.

И запахи двух его людей.

Он помчался назад, на гребень холма.

Он увидел, как его мальчик поднял что-то с земли. Палку, но не палку. Что-то меховое, неживое.

Вверх по склону поплыл запах беды: свежий и острый — от его мальчика, застарелый и напряжённый — от отца его мальчика. Это был не только запах Питера. Это был запах людей.

Его мальчик поднял то неживое над головой и выкрикнул что-то сердитое. А потом крикнул громко:

— *Пакс!*

И Пакс залаял.

# 34

Питер поднял высоко то, что осталось от лиса, и снова выкрикнул его имя:

— Пакс!

И откуда-то сверху, с холма над фабрикой, раздался ответный лай. Вспыхнула надежда, горло у Питера перехватило. Нет, просто почудилось. Нельзя принимать желаемое за действительное.

Но он всё равно обвёл взглядом склон. Мелькнуло рыжее. Рыжий хвост с белым кончиком. В просвете между деревьями появился лис, приподнялся на задних лапах — на двух задних лапах?.. Он смотрел прямо на Питера.

Питер сунул отцу лисью ногу:

— Похорони.

Подхватил второй костыль и направился к холму.

— Подожди, Питер! Ты должен понять. Это мой долг.

Питер махнул рукой наверх, в сторону лиса. Ударил себя кулаком в грудь так, что стало больно, и сказал:

— А это — мой!

Отец кричал ему что-то про провода, приказывал остановиться. Питер видел провода, но он промахивал над ними на своих шестах — и не останавливался. Для него сейчас не существовало ничего, кроме лиса на холме и расстояния, их разделявшего. И он снова и снова вонзал костыли в землю и пролетал между ними, сокращая это расстояние.

Добравшись наконец — футболка успела высохнуть на ветру и снова пропотеть насквозь, — он встал и позвал. Пакс тряхнул головой и большими прыжками бросился прочь, к деревьям.

На четырёх лапах! Целый и невредимый!

Питер последовал за ним. Но, когда приблизился, Пакс снова отскочил и замер между деревьями.

Питер шёл следом. Пакс явно его испытывал, и Питер не обижался. Он предал своего лиса — почему же лису не быть недоверчивым? Пакс хочет убедиться, что Питер не предаст его снова. Поэтому Питер будет идти за ним столько, сколько тот захочет, — это справедливое наказание.

Так они шли сквозь лес — сотню ярдов, и ещё сотню. А потом они пришли на поляну, и лис остановился, выжидая. Питер приблизился, протянул руку.

— Прости меня! Прости, пожалуйста!

Пакс встретил его взгляд и обхватил зубами запястье. Пульс у Питера забился сильнее в этом браслете из зубов, который держал его руку крепко, словно говорил: ты мой. Словно взывал к тому, что хранилось у Питера внутри, глубоко. Двое, но не двое.

Тут Пакс выпустил его запястье и понёсся через поляну к кривому дереву. Под деревом кружили два койота.

Пакс бросился на того, что был выше и крупнее.

— Пакс, нет! Назад!

До дерева было так далеко — ярдов пятьдесят, не меньше. Питер вынес костыли вперёд и оттолкнулся...

Когда до койотов оставалось с дюжину ярдов, Питер увидел, на кого они охотились. На дереве сидел ещё один лис — нет, лиса, с ярким мехом и острой нежной мордой. На бедре у неё была глубокая кровоточащая рана. Лиса молотила по ветке хвостом — не пышным, а тонким, обгорелым и почерневшим.

Лиса сверху ударила лапой одного из койотов, дразня его, и в тот же миг Пакс подскочил и цапнул за бок второго. Питер понял, что лисы действуют сообща.

И что им не совладать с койотами.

Он поспешил к дереву, громко крича, но койоты не обращали на него внимания. Тот, что крупнее, вдруг развернулся и вцепился зубами в шею Пакса. Лис взвизгнул. Питер взревел от ярости. Он перенёс весь свой вес на один костыль и, откинувшись назад и прицелившись, метнул второй, утяжелённый ясеневой битой, прямо между двумя койотами.

Два разъярённых зверя обернулись. Дерево загудело от удара битой, рослый тёмный койот метнулся в сторону и скрылся в кустах. Второй отбежал на несколько шагов и остановился.

Не сводя взгляда с Питера, он оскалил клыки. Питер оскалился в ответ. Пакс рядом с ним зарычал и вздыбил шерсть на загривке, готовясь к прыжку. Питер занёс второй костыль над головой и снова взревел, а Пакс снова зарычал. Бледный койот в удивлении попятился, потом повернулся и кинулся прочь с поляны.

Питер, обхватив дерево, сполз на землю. Его била дрожь. Пакс мгновенно запрыгнул на него, завертелся у него на груди, под шеей, стал вылизывать лицо, обнюхал сломанную ногу, снова ткнулся носом в лицо. Питер обвил руками своего лиса, зарылся лицом в пропахший хвоей мех.

— Ты живой, ты живой, живой!

Лиса, перелетев через них, спрыгнула на землю и скрылась в можжевеловых кустах, окружавших поляну. Пакс на коленях у Питера выпрямился и что-то ей тявкнул.

Через несколько секунд из-за куста выглянула чёрная мордочка.

Потом, щурясь и моргая от яркого солнца, показался тощий маленький лис — весь целиком, ростом примерно такой, каким был Пакс в восемь месяцев. Он ковылял по поляне на трёх ногах. Его сопровождала лиса, она забегала вперёд, предостерегающе поскуливала и бросала на Питера недоверчивые взгляды.

Пакс вывернулся из рук Питера и снова тявкнул.

Трёхногий лис ещё приблизился. Он хромал так неуклюже, что было ясно: ногу он потерял совсем недавно. И тут в голове у Питера всё связалось. Он протянул руку и тихонько позвал. Маленький лис неуверенно переводил взгляд с Питера на Пакса и обратно. Наконец он решился и двинулся к ним. И, добравшись, поднырнул под морду Пакса.

Питер протянул палец. Трёхногий лис позволил ему коснуться своей шеи — и поспешил обратно к лисе, чтобы прижаться к её надёжному боку, где он чувствовал себя в безопасности.

Лиса и маленький лис вместе выжидательно посмотрели на Пакса и растворились в подлеске.

И Питер понял. Его лис принадлежит им. А они — ему, Паксу. И они неразделимы.

Как же долго он шёл сюда. Как долго.

Питер опустился на колени. Положил руку Паксу на спину и ощутил, как дёрнулись мышцы под шкурой.

Питер огляделся по сторонам. Лес теперь казался опасным — он был полон койотов и медведей. И скоро будет полон солдат. Питер посмотрел на лиса, который рвался за своей новой семьёй, но стоял на месте.

— Иди. Со мной всё хорошо.

Это была неправда. Питеру было плохо и больно, так больно, что он задохнулся, как от удара в сердце. Он отдёрнул руку, боясь, что эта боль передастся Паксу, и тогда лис не сможет уйти.

— Иди же!

Пакс отпрыгнул к кустам. Потом обернулся — посмотреть на своего мальчика.

По щекам Питера покатились слёзы, он их не утирал.

Пакс бросился к нему. Заскулил, стал слизывать слёзы.

Питер отстранил его. Опираясь на костыль, встал в полный рост.

— Нет. Я не хочу, чтобы ты оставался со мной. Дверь на веранде всегда будет открыта, но тебе надо идти.

Пакс посмотрел на кусты, потом опять на лицо своего мальчика.

Питер достал из кармана игрушку, поднял высоко.

Пакс вскинул голову, следя за рукой Питера.

И Питер зашвырнул пластмассового солдатика в лес, как можно дальше.

Иногда яблоко
падает очень далеко
от яблони.

# *От автора*

Рыжие лисицы. Чем больше я о них читала, тем больше восхищалась ими и укреплялась в решении описать их и выразить своё огромное уважение к ним.

Я в большом долгу перед Мэтью Уолтером, биологом из штата Нью-Йорк, исследователем живой природы, который много лет наблюдал рыжих лисиц в полевых условиях. Точными описаниями поведения лисиц в этой книге я обязана Мэтью, который щедро делился со мной своим опытом. Встречающиеся отступления от этой точности продиктованы интересами повествования. Я призываю всех читателей изучать этих великолепных животных.

Хочу перечислить тех, без кого «Пакс» остался бы всего лишь разбросанными по комнате смятыми страницами. Мои дети, которые уже выросли, но по-прежнему напоминают мне о том, какие необыкновенные узы связывают порой детей и животных. Мои коллеги из писательских групп на севере и на юге — умные, проницательные, не терпящие расхлябанности в тексте. Мой агент Стивен Малк, который понял и полюбил эту книгу с того самого дня, когда я поделилась с ним крошечным зернышком замысла. Мой редактор Донна Брэй, которая так блестяще мною руководила. Все сотрудники «ХарперКоллинз», чья поддержка неоценима. Терпеливый Дэвид — спасибо за всё то время, которое я провела с лисами. И, наконец, Крис Кратчер — спасибо за историю, которая стоит за историей внутри этой истории. Ты знаешь, о чём я.

*Литературно-художественное издание*

**Пеннипакер Сара**
Пакс

*Для младшего и среднего школьного возраста*

В соответствии
с Федеральным законом №436
от 29 декабря 2010 года маркируется знаком 6+

*Иллюстрации* Джона Классена
*Перевод* Натальи Калошиной, Евгении Канищевой
*Верстка* Дмитрия Кобринского
*Литературные редакторы* Наталья Калошина, Евгения Канищева
*Корректоры* Юлия Лосева, Надежда Власенко
*Выпускающий редактор* Ольга Патрушева
*Главный редактор* Ирина Балахонова

**Отдел продаж**
+7 (499) 922-85-95, sales@samokatbook.ru

**Контакты:**
ООО «Издательский дом «Самокат»
+7 (495) 506-17-38
info@samokatbook.ru, www.samokatbook.ru

**Книги по издательским ценам можно приобрести по адресу:**
Москва, Малая Ордынка 13, стр. 3 (2 этаж)
или в интернет-магазине samokatbook.ru

Подписано в печать 27.10.2017.
Формат издания 60×84/16.
Усл.-печ. л. 18,6. Тираж 7000 экз. Заказ №1719220.

arvato BERTELSMANN

Отпечатано в полном соответствии с качеством
предоставленного электронного оригинал-макета
в ООО «Ярославский полиграфический комбинат»
150049, Ярославль, ул. Свободы, 97